# La France fortifiée

vue par GEO

# La France fortifiée
## vue par GEO

Catherine Guigon

SOLAR

# Sommaire



Après avoir réorganisé l'armée royale pour le compte de Louis XIV, le marquis de Louvois contribua à la défense des côtes françaises. Le fort Louvois, construit sur un îlot à 450 m du rivage près de la pointe Chapus, non loin de Rochefort, a été achevé en 1694 par Vauban. Il est accessible à pied à marée basse.
Pages précédentes : Avignon, résidence et forteresse des papes au XIVe siècle.

# Les châteaux forts,
## au cœur du pouvoir féodal

Beaucoup ne conservent de leur gloire passée que quelques pans de murs dessinant parfois sur le ciel la découpe nostalgique d'une fenêtre ouverte à tous les vents. D'autres, jalousement demeurés dans le giron familial, ont eu la chance de traverser les siècles, plus ou moins bien entretenus mais toujours debout ; certains, enfin, lourdement chargés d'histoire(s), ont fait jusqu'à nos jours l'objet de soins attentifs au nom du patrimoine… Qu'importe : ces châteaux, que personne ne qualifiait de « forts » avant le XIXe siècle, ont préservé l'incontestable pouvoir de nous faire rêver et voyager dans le temps. Ils bruissent d'images héroïques accrochées à leurs pierres moussues auxquelles fait écho tout un vocabulaire aux consonances guerrières : courtines, escarpes, archères ou mâchicoulis… À prononcer ces mots, on croit encore

percevoir l'éclat des armures au combat et le fracas des lances brisées… Selon l'historien Charles-Laurent Salch, auteur du *Dictionnaire des châteaux forts et des fortifications du Moyen Âge en France,* quelque 24 000 sites fortifiés auraient ainsi été construits à l'époque médiévale, du IXe au XVe siècle, généralement en des points stratégiques commandant une contrée, verrouillant une vallée, contrôlant une rivière. Cette architecture militaire, dont il resterait environ 10 000 vestiges, a profondément marqué la France et sa toponymie. Combien de Château-Gaillard, de Blandy-les-Tours et autres Castillon-la-Bataille rappellent que le pays s'est jadis organisé autour de ses donjons ? Alors que l'Empire carolingien se disloque, partagé entre les trois fils de Louis le Pieux par le traité de Verdun, en 843, se défendre devient vital. Si Charles le Chauve, héritier du royaume de *Francis occidentalis,* peut être considéré comme le premier des rois de France, ses possessions aiguisent de farouches appétits. En 845, les Vikings regardent vers Paris ; peu après, les Sarrasins établissent des têtes de pont dans le Midi, et au début du Xe siècle, les Hongrois menacent les marches du royaume, à l'est… Face aux invasions barbares, la puissance royale se délite. Seuls les Grands, se montrant capables de réagir rapidement, s'affirment comme des chefs de guerre. Ainsi prend naissance la puissance féodale. Elle s'impose dans les régions, elle s'enracine dans la terre, elle y structure le tissu rural et le morcelle en duchés et comtés comme autant de fiefs bientôt héréditaires. La carte de ces nouveaux pouvoirs se dessine dès la fin du IXe siècle, avec le développement des enceintes castrales et des premiers châteaux érigés en bois sur des mottes de terre, derrière des palissades.
L'architecture militaire médiévale évolue lentement. Vers l'an mille, sous l'influence des Normands, le bois le cède à la pierre, et les donjons de plan rectangulaire se multiplient. Ils sont essentiels au système de défense, à l'abri de puissants contreforts.

# Les châteaux forts,
## au cœur du pouvoir féodal

L'avènement des Capétiens, les règnes de Philippe Auguste (qui crée un corps d'ingénieurs militaires) ou de saint Louis, et la lente restauration du pouvoir royal modifient ensuite ce dispositif, remplacé par d'imposantes forteresses, dont celle de Coucy devait être le fleuron au XIIIe siècle, avec Najac, le Louvre ou Angers. La guerre de Cent Ans, la violence des compagnies en maraude, les pillages, les incendies, mais aussi la famine et la peste, imposent également leur lot de transformations. Jusqu'à l'avènement de la poudre noire, au XIVe siècle, et les progrès de l'artillerie qui signent au siècle suivant la ruine des châteaux forts, symboles d'une société également condamnée.
Car la féodalité se construit autour du château, résidence du seigneur et siège de la châtellenie sur laquelle il exerce le « ban », le pouvoir de commander, de contraindre, de punir. À charge pour lui d'assurer la protection des manants et de se montrer généreux envers les chevaliers, des guerriers à cheval qui lui prêtent main-forte avant d'être progressivement assimilés à la noblesse. Ce système hiérarchisé et violent évoluera peu à peu… L'Église y mettra autant que possible bon ordre, et les mœurs s'adouciront, si bien que cette aristocratie naissante perdra de sa rugosité pour développer un art de vivre dont ses châteaux seront également les témoins.

Les miniatures témoignent avec une grâce colorée des temps forts de la vie féodale, comme la guerre (à gauche, *Défaite du duc de Lancaster,* XVe siècle, musée Condé, Chantilly) et son succédané que représentent les tournois (au centre, *Chronique de Saint Denis,* XIVe siècle, musée Condé, Chantilly), en attendant que troubadours et musiciens adoucissent les mœurs (à droite, Manuscrit de Chrétien Legouais, XIVe siècle, Bibliothèque municipale, Rouen).
Pages précédentes : L'imposant château de Loches et son donjon, l'un des plus anciens en pierre (XIe siècle).

Le château de Gisors se dresse à 20 m de hauteur sur une motte imposante, symbole du pouvoir féodal qui s'organise vers l'an mille autour de ses donjons.

Gisors, fortifié en 1096 par Robert de Bellême pour le compte du roi d'Angleterre et duc de Normandie Guillaume le Roux, fils de Guillaume le Conquérant, est l'un des premiers châteaux en pierre construit sur une « motte », sans doute à la place d'une tour en bois. Ce tertre artificiel précédé d'un fossé, ceinturé d'un mur d'enceinte, abritant une basse-cour et une tour carrée ou rectangulaire – le donjon est également résidence seigneuriale –, est vite devenu symbolique du pouvoir féodal. Sa construction mobilisait des dizaines de serfs pour remuer parfois 5 000 tonnes de terre et dresser ce monticule tronconique, d'un diamètre de 30 m environ à la base sur 20 m de hauteur. Les innombrables seigneurs à ériger un château sur motte entre le IXe et le XIIe siècle exigeaient ces travaux de terrassement par la corvée. Ici, la tour maîtresse date du XIIe siècle.

“ Résister en multipliant les obstacles – des douves profondes, un talus bien pentu et des murs de bonnes pierres –, mais avant tout décourager l'ennemi de s'attaquer à pareil édifice. ”

**Le siège de Château-Gaillard, une forteresse stratégique construite sur la Seine par Richard Cœur de Lion, permet au roi de France de conquérir la Normandie.**

Comme un formidable verrou posé sur le fleuve à hauteur des Andelys, cette forteresse aujourd'hui ruinée contrôlait, à la fin du XIIe siècle, l'accès au duché de Normandie, alors possession anglaise. « Que voilà un château gaillard ! » se serait exclamé son commanditaire, Richard Ier Cœur de Lion (1189-1199), roi d'Angleterre et duc de Normandie, découvrant le puissant édifice planté en moins de deux ans de travaux sur son éperon calcaire pour la somme de 21 203 livres sterling, soit la solde annuelle de 7 000 fantassins. Car le roi Richard a vu grand pour protéger son fief. Mais surtout, Château-Gaillard, long de 170 m sur 70 m de large, met en pratique les techniques militaires éprouvées par les croisés en Terre sainte et que le souverain avait découvertes lors de la troisième croisade. Des fossés, deux enceintes concentriques dont une méthodiquement flanquée de tourelles semi-circulaires pour éviter les angles morts, et quantité de mâchicoulis « dynamisent » la défense jusqu'au donjon, une tour massive qui domine le paysage.
Mais il en fallait davantage pour décourager les ambitions de Philippe Auguste. Le roi capétien, à la reconquête du royaume de France, lorgne vers la Normandie. Profitant de la mort de Richard, en 1199, et d'une félonie de son successeur, Jean sans Terre, il lance l'offensive et assiège Château-Gaillard à l'automne 1203. Entreprise hasardeuse ! Après huit mois de siège, un hiver rigoureux et plusieurs assauts inutiles, la forteresse tient toujours ; elle ne sera prise que par la ruse, en mars 1204, quand des soldats s'y introduiront en utilisant le conduit des latrines !... L'effet de surprise est total. Les intrus se précipitent, traversent la basse-cour et abaissent le pont-levis... Château-Gaillard se rend, et la Normandie avec lui. Philippe Auguste fait ensuite construire de nombreuses forteresses, donnant naissance au modèle « philippien », pour une défense « rationalisée ».

Si les preux chevaliers qui défendaient vaillamment le château de Loches ne sont plus qu'un lointain souvenir, l'histoire des armures, en revanche, reste indissociable de celle des châteaux forts.

Le port de l'armure se généralise dès le XIe avec le « haubert », un tissu de mailles de fer qui protége le chevalier de la tête aux pieds. Cet harnachement, vulnérable aux armes de choc comme les masses, se renforce peu à peu. S'y ajoutent des chausses, des gantelets et des protections métalliques pour les coudes, les genoux et le torse, qui forment au XIVe siècle une armure complètement articulée pouvant peser 30 kg. Quant au « heaume » étouffant, il protège le crâne et dissimule le visage jusqu'à l'apparition du bassinet, une calotte de fer plus confortable. Il existait autant de métiers que de pièces métalliques à forger. Ces artisans finirent par former une seule corporation du nom d'armuriers. Ceux de Paris s'étaient regroupés près de l'hôtel de Ville, dans la rue de la Heaumerie, disparue au XIXe siècle.

Loches, l'une des plus puissantes forteresses du Moyen Âge, est aussi l'une des rares à conserver quelques évocations de la vie de château.

Le château de Loches – dont le donjon spectaculaire, dressé à 37 m sur une motte, au XIe siècle, par les comtes d'Anjou bientôt alliés aux Plantagenêts, allait défier l'autorité royale – finit par se soumettre en 1205 à son suzerain, le roi Philippe Auguste. Dès lors, la forteresse connaît quelques jours paisibles, et les immenses cheminées (ici, dans la salle des gardes) servent à griller moult viandes pour honorer des hôtes de marque. Car faire bonne chère est un signe de noblesse qui ne trompe pas à l'époque féodale.

Vers onze heures ou midi, les tables sont dressées sur des tréteaux dans la grande salle du château, l'*aula*, de belles proportions, dont les murs blanchis à la chaux sont parfois tendus de tapisseries contre les courants d'air. Des bancs sont disposés ainsi que deux fauteuils pour le seigneur et son épouse. Dans un angle, l'indispensable dressoir est chargé de carafes, d'aiguières, de saucières. Les écuelles sont en terre cuite, les couverts en métal et les serviettes absentes… La nappe y suffit amplement, d'autant que personne ne passerait à table sans s'être lavé les mains.

Le repas s'éternise. On y sert des venaisons, des pâtés, des volailles bouillies et parfois du cygne ou un paon rôti présenté encore embroché… Les légumes sont rares, les laitages également. Choux et lentilles sont de consommation courante ainsi que les gruaux de céréales et le pain pour saucer les plats. Fouaces et gaufres abondent au dessert avec des pommes, des noix, des figues… Les boissons versées dans des hanaps agacent la bouche, surtout le vin rouge aigrelet, bonifié à grand renfort d'épices, gingembre ou noix de muscade…

Les agapes achevées, les convives se lèvent sur un geste du seigneur. Tous iront à la fontaine se rincer les doigts avant de vaquer à leurs activités et peut-être entamer une partie d'échecs, un jeu venu des Indes ou de Perse et introduit en Europe vers l'an mille.

Le vieux donjon de Nogent-le-Rotrou sera doté de grandes cheminées au XIIe siècle pour le confort de ses hôtes, les sires de Nogent et comtes du Perche.

Surplombant de 60 m la vallée de l'Huisne, au carrefour de l'Ile-de-France, de la Normandie et du Maine, la « grosse tour » de Nogent-le-Rotrou, érigée en pierre vers 1020, épouse les caractéristiques des « donjons romans » des Xe-XIIe siècles, rectangulaires et comptant d'ordinaire quatre étages. Le bâtiment, long de 24 m sur 17 m de large avec des murs de 3,50 m d'épaisseur à la base, respecte les contraintes liées à sa vocation défensive. Dernier refuge, on doit pouvoir y vivre coupé du monde et tenir un siège ! La porte, au premier étage, n'est donc accessible que par un modeste escalier, facile à détruire, et le rez-de-chaussée sert habituellement à engranger des vivres. La salle d'armes avec ses stocks de projectiles se situe dans les hauteurs. Le sommet du donjon, enfin, peut être équipé de hourds en bois, formant une coursive pour surveiller et protéger « à la verticale » la base de la tour contre le travail de sape d'éventuels assaillants.
Mais le donjon est aussi le siège de la seigneurie châtelaine, la résidence du seigneur qui y séjourne quand la guerre s'arrête en hiver. Le suzerain est maître chez lui, et il n'est pas mauvais de montrer l'étendue de sa puissance, y compris en engageant des dépenses somptuaires. Les seigneurs de Nogent, parmi lesquels Geoffroy IV, comte du Perche qui participe au siège de Jérusalem en 1099 lors de la première croisade, ne dérogent pas à la règle…
Ainsi sont aménagées dans le donjon, au XIIe siècle, des fenêtres géminées à lancette, plus lumineuses, et surtout des cheminées qui améliorent le piètre rendement des braseros dans les chambres et donnent un certain apparat à la grande salle de réception, l'*aula,* où le seigneur prend ses repas, reçoit les vassaux et rend la justice… Ce goût du confort s'affirme au cours du Moyen Âge, les seigneurs réservant dans leurs châteaux une place grandissante, de plus en plus luxueuse, à l'espace résidentiel et privé.

L'art de la guerre se perfectionne au pied des murailles de Provins ou ailleurs avec l'usage des bricoles, des couillards et autres redoutables machines à jeter des pierres.

Protégé par ses remparts, Provins connaît son apogée sous le règne de Thibaud IV de Champagne (1201-1253), vassal du roi de France. Belliqueux, le seigneur prend part à de nombreux sièges où il peut observer les progrès de la poliorcétique, c'est-à-dire l'art d'assiéger villes et châteaux. La durée de l'entreprise, de longue haleine, dépend des armes employées pour ébranler les murs de l'adversaire. C'est le rôle des catapultes, telle la pierrière ou la bricole qui propulsent jusqu'à 60 m des boulets de 10 à 30 kg formés de pierres concassées et de chaux cuites au four. Toujours dans la gamme des armes de jet, le mangonneau tire à 150 m des pierres de 100 kg, tandis que le trébuchet martèle un point faible de la muraille, archère ou latrine, pour y ouvrir une brèche ensuite enfoncée au bélier.

Le donjon, grosse tour ou tour maîtresse, comme ici la tour César érigée au XII$^{e}$ siècle à Provins, constitue l'ultime retraite pour les défenseurs du château assiégé. Retranchée dans les hauteurs, la garnison peut encore déverser des grêles de pierres et des jets de poix fondue sur l'attaquant.

Non contents de guerroyer et de chasser dans les garennes, les seigneurs du Moyen Âge devaient penser au mariage comme moyen d'assurer leur lignage.

Le mariage médiéval est affaire privée mais aussi économique et surtout politique. Quelle meilleure façon en effet de sceller la paix entre seigneurs rivaux et d'agrandir un patrimoine qui se transmet désormais de père en fils ? L'affaire intéresse d'ailleurs tout le fief, et le baronnage interpelle à l'occasion son suzerain : « Tes hommes te prient qu'ils aient liberté de querre pour toi une dame de convenable lignée... laquelle il te plaira de prendre par mariage. » L'idéal étant d'épouser une fille de plus haute naissance dont la dot confortera la châtellenie.

Cette sage gestion patrimoniale inspira sans doute les seigneurs de Vitré, dont la forteresse érigée au XIe siècle sur un éperon rocheux dominant la Vilaine restera durant des siècles dans la famille, l'une des plus puissantes de Bretagne. Au XIIIe siècle, André II et André III aménagent le château de granit avec son châtelet encadrant l'entrée, son pont-levis et ses herses... Par malheur, Vitré tombera en quenouille quand André III n'aura d'autre descendance qu'une fille, Philippa. Unique héritière, elle apportera la forteresse en dot au seigneur de Laval qu'elle mariera...

Le mariage, sacrement religieux dès le Xe siècle, a pour vocation d'engendrer des héritiers mâles, capables un jour de garder le château, de maintenir la paix, de se faire obéir de la garnison et de prélever dans les campagnes le cens et les loyers, tout en exerçant le droit de ban, celui de commander, de contraindre, de punir...

L'Église, peu regardante sur l'infidélité conjugale, se montre en revanche intransigeante sur les unions consanguines. C'est ainsi que Louis VII fera annuler son mariage avec Aliénor d'Aquitaine, en 1152, invoquant un lointain cousinage, tandis que Philippe Auguste, lassé en une nuit de la reine Ingeburge épousée en 1193, ne pourra s'en débarrasser faute de prouver leur parentèle. La malheureuse n'en sera pas moins abandonnée, en 1204, dans le donjon de Guinette, à Étampes.

Le bon roi René d'Anjou, prince raffiné qui se retire à Tarascon, aime à y organiser de fastueux tournois, mises en scène spectaculaires et violentes exaltant les vertus de la chevalerie.

Le roi René (1409-1480) expert en la matière, rédigea un *Traité de la forme et devis d'un tournoy,* qu'il allait mettre en pratique au château de Tarascon, y organisant de nombreuses rencontres. Le tournoi, indissociable des évolutions de l'aristocratie médiévale, exprime la quintessence de l'esprit chevaleresque. Sa pratique comme école de courage et de loyauté se développe au début du XIIe siècle. Il s'agit alors de véritables batailles rangées, permettant aux jeunes chevaliers de se distinguer et de s'enrichir... Les tournois évoluent vers des joutes plus policées, les armes « à outrance » cédant place aux armes « à plaisance », et ils finissent par constituer un spectacle de cour organisé dans un champ clos de palissades ou « lice ». Il n'empêche, ces charges lancées au galop sans coup férir, la lance bien droite, restaient d'une violence inouïe.

Au centre des rivalités territoriales entre la France et l'Angleterre, le château de Beynac changera plusieurs fois de nationalité durant la guerre de Cent Ans.

Avec sa position privilégiée sur un promontoire rocheux surplombant à 150 m d'altitude le cours de la Dordogne, le château de Beynac ne pouvait qu'exciter les jalousies. De félonies en vilenies toutes déjouées, le donjon fondé au XIIe siècle par le chevalier Maynard de Beynac ne changera pas de mains. En revanche, bâti en terres d'Aquitaine, duché anglais depuis le remariage, en 1152, d'Aliénor avec Henri II Plantagenêt, il changera fréquemment de nationalité au gré des péripéties de la guerre de Cent Ans et des conflits permanents qui l'opposent à son rival, le château de Castelnaud, sur l'autre rive de la rivière.
Car ainsi va la guerre au Moyen Âge. Si les batailles rangées en rase campagne sont rares, escarmouches et embuscades en revanche préparent la prise d'un fief convoité. Il s'agit toujours d'affaiblir l'adversaire, de faire des prisonniers ensuite libérés contre rançon, et de semer la terreur en pillant et détruisant récoltes et bétail. Une stratégie que les chevauchées du Prince Noir d'Aquitaine (le prince Édouard de Woodstock à la tête de la Guyenne de 1362 à 1372) portent, si l'on ose dire, à sa perfection.
Pour résister à ces affrontements incessants, le château de Beynac renforce plusieurs fois ses défenses. D'autant que la guerre de Cent Ans (1337-1453) entraîne des changements significatifs dans l'architecture militaire : les courtines, ces murs pris entre deux tours, sont rehaussées de 10 m parfois pour décourager l'« échelade », un assaut donné en déployant de nombreuses échelles en même temps. Le chemin de ronde et les mâchicoulis sont renforcés et les barbacanes se multiplient, ouvrages avancés placés au-delà des douves, à l'entrée du château pour en interdire l'accès.
À ce petit jeu, Pons de Beynac l'emporte incontestablement sur le château de Castelnaud, en 1442, et la guerre de Cent Ans tirant à sa fin, sa châtellenie devient une des quatre baronnies du Périgord.

À Angers, la mère de saint Louis, Blanche de Castille, profite de la régence pour bâtir vers 1230 une forteresse dont l'intérêt militaire s'accompagne d'un message politique fort. Dans cette terre d'Anjou controversée, prise aux Plantagenêts après le siège de Château-Gaillard (1204), exhiber la puissance royale a valeur dissuasive. D'où le soin apporté au décor, jouant en alternance du schiste et du grès, pour flanquer la muraille de 17 tours rondes d'un diamètre impressionnant (18 m).
L'Apocalypse, le plus grand ensemble connu de tapisseries historiées du Moyen Âge (sept pièces et 107 m de long), a été réalisé dès 1375 par le tapissier parisien Nicolas Bataille, sur des cartons dessinés par Hennequin de Bruges, peintre du roi Charles V (ci-contre).

Avec ses tours rondes et ses archères, le puissant château d'Angers, fortifié au XIIIe siècle, répond aux exigences nouvelles de la défense « active ».

Le château des comtes d'Anjou est profondément modifié au XIIIe siècle par Louis IX et sa mère, Blanche de Castille. Le chantier dure dix ans, de 1228 à 1238, et met en œuvre les principes alors en pleine évolution de la « défense active ». Le nouveau mur d'enceinte, systématiquement taluté pour éviter la sape, mesure 660 m de longueur pour 3 m d'épaisseur, et le fossé, à ses pieds, est rempli d'eau. Les archères, percées dans les tours et les courtines, sont disposées en quinconce, laissant peu de chance d'échapper au tir croisé des arbalétriers. Quant à l'entrée, elle s'effectue par les portes de la Ville et des Champs une fois franchis le pont-levis et ses herses...
Réputé inexpugnable, le château d'Angers ne sera jamais pris. Au XIVe siècle, Louis Ier d'Anjou commande les célèbres tentures de l'Apocalypse pour décorer et réchauffer les murs.

Le manoir royal de Vincennes, résidence favorite de saint Louis aux portes de Paris, trouve sa vocation militaire pendant la guerre de Cent Ans.

C'était à l'origine un petit pavillon comme un relais de chasse au milieu des bois, bâti vers 1178 pour le plaisir du roi Louis VII. Ses descendants, Philippe Auguste et Louis VIII, ne s'y intéresseront guère. Louis IX, en revanche, s'entiche de la résidence royale de Vincennes, où il effectue une soixantaine de séjours durant son règne (1226-1270), venant s'y distraire en famille autant que gouverner. Ainsi naît, sous la plume de Jean, sire de Joinville et auteur d'une *Vie du Roi* en 1309, l'image très populaire de saint Louis rendant la justice sous un arbre, alors que « maintes fois avint que en été il s'allait seoir au bois de Vincennes après sa messe et s'acotoyait à un chêne [...] et tous ceux qui avaient à faire venaient parler à lui sans destourbier »...

Ces images paisibles s'estompent avec la guerre de Cent Ans. Alors que le roi Jean II le Bon (1350-1364), fait prisonnier à Poitiers en 1356, séjourne dans les geôles anglaises, son fils aîné, le futur Charles V qui assure la régence, doit mater la révolte des marchands de Paris dirigée par le prévôt Étienne Marcel (1357-1358) ainsi qu'une sévère jacquerie. Si bien que le roi, libéré en 1360 moyennant le règlement d'une fabuleuse rançon de trois millions d'écus d'or, n'a plus qu'une idée fixe : édifier une forteresse aux portes de la capitale pour échapper aux Anglais et... à son peuple !

Le château de Vincennes, achevé sous le règne de Charles V (1364-1380), est l'un des plus grands d'Europe, clos par une enceinte longue de 1 200 m, avec un fossé de 25 m de largeur sur 11 m de profondeur (partiellement comblé depuis) et une basse-cour de 4 ha pour la domesticité. Quant au donjon, une tour carrée de 16,50 m de côté, flanquée d'une tourelle à chaque angle et aménagée en salles immenses, il se dresse sur huit étages jusqu'à 50 m.

C'est la seule résidence d'un souverain médiéval à avoir été conservée, pour ainsi dire, en l'état. Elle abrite aujourd'hui les archives des services historiques des Armées.

La situation originale du château de Fougères, sur un îlot rocheux émergeant des marais, ne l'a pas empêché de développer un système de défense sophistiqué.

L'énorme forteresse bretonne, parfois surnommée la « Carcassonne de l'Ouest » avec ses treize tours et ses 320 m de courtines préservées, a été plusieurs fois ruinée et reconstruite entre le XI^e et le XV^e siècle, proposant un catalogue pratiquement complet de l'architecture militaire médiévale. L'actuel château doit partiellement son existence au seigneur de Fougères, Raoul II (1130-1194), en lutte contre les ambitions du roi d'Angleterre, Henri II Plantagenêt. Celui-ci, déjà maître de la Normandie, du Poitou, de la Gascogne et de l'Aquitaine, rêve en effet d'ajouter la Bretagne à ses terres, et Raoul II lui oppose une ardente résistance… Le donjon, pris de haute lutte, est rasé en 1166, mais son preux propriétaire reçoit bientôt l'autorisation de le reconstruire, faisant de Fougères une pièce maîtresse dans la défense du duché de Bretagne.

Le château des ducs de Bretagne, à Nantes, succède à une forteresse baignée par un bras de la Loire (aujourd'hui asséché) et commandée par un pont-levis. Au XV$^{e}$ siècle, il abrite les fastes du duc François II, dont la fille Anne de Bretagne, épouse successive de Charles VIII et de Louis XII, sera deux fois reine de France.

Louis II d'Anjony, compagnon de Jeanne d'Arc, fait allégeance au roi Charles VII, contribuant à restaurer l'autorité royale et amorçant une ère nouvelle.

Lorsqu'il fait fortifier son donjon, en 1430, pour défendre les monts d'Auvergne à la demande du jeune roi Charles VII couronné un an plus tôt à Reims grâce à Jeanne d'Arc, Louis II d'Anjony ne pouvait deviner que l'aristocratie féodale devrait bientôt rabattre de sa superbe. Les mentalités évoluent en effet, le contexte politique également : le temps orgueilleux des chevaliers touche à sa fin...

Leur courage voire leur héroïsme ne sont pas en cause. Mais leur ardeur brouillonne au combat et leur indiscipline ne sont pas étrangères aux déroutes qui humilient la France durant l'interminable guerre de Cent Ans. La déconfiture de Crécy, en 1346, voit les archers anglais venir à bout des charges les plus intrépides de la cavalerie française... Désarçonné, le chevalier à terre, prisonnier de sa lourde armure, est incapable de combattre ! Dix ans plus tard, la défaite de Poitiers se solde par la capture du roi Jean II le Bon et l'accablant traité de Brétigny, signé en 1360, qui concède la moitié du royaume aux « Anglois »... Seule l'affirmation du pouvoir royal peut permettre de remonter la pente.

En outre, l'idéal guerrier de la noblesse, tout en prouesses physiques, perd de sa superbe face aux armes nouvelles, couleuvrines et bombardes, dont l'usage se répand comme... une traînée de poudre – cette « poudre noire » venue de Chine au XIV<sup>e</sup> siècle qui bouleversera définitivement les techniques militaires et l'art de la guerre. Repliés dans leurs forteresses déqualifiées, assiégés dans leurs châteaux désormais vulnérables, les seigneurs féodaux n'ont d'autre choix que de se soumettre à l'autorité du roi et de renoncer à une partie de leurs privilèges. Certains tentent pourtant un baroud d'honneur, une révolte entrée dans l'histoire sous le nom de Praguerie, en 1440, et qui tourne court. Pour sa part, Louis II d'Anjony, compagnon d'armes de Jeanne la Pucelle, a choisi son camp, assurant ainsi du même coup l'avenir de sa dynastie.

Les couleuvrines du Haut-Kœnigsbourg rappellent que la « crise du boulet métallique » jouera un rôle important dans la ruine de nombreux châteaux forts.

Le vieux château fortifié du Haut-Kœnigsbourg sera pratiquement détruit en 1462 par une canonnade, après trois jours de siège pour en déloger des pillards. C'est dire les progrès de l'artillerie depuis son apparition, au milieu du XIVe siècle. Si les premiers canons tiraient trop court, faisant un moment douter de leur efficacité, bombardes et couleuvrines dont l'usage se généralise réalisent des progrès d'autant plus sensibles que les boulets initialement en pierre sont à présent calibrés en fonte. Propulsés à la vitesse de 300 m/s, ils se révèlent redoutables, pulvérisant les plus solides murailles… jusqu'à l'invention des bastions comme étape nouvelle dans l'histoire des fortifications. Quant au Haut-Kœnigsbourg, il est lui aussi ruiné en attendant sa restauration au début du XXe siècle, dans un style néo-gothique qui fait sa renommée.

# Les « bonnes villes »,
## à l'abri des remparts

Les villes, héritages de la colonisation romaine, s'étiolent derrière leurs murailles amoindries, menacées durant le haut Moyen Âge par les invasions barbares, celles des Vikings en tête... L'ordre féodal, symbolisé par les châteaux forts qui poussent comme champignons dès le IXe siècle, leur fait concurrence, attirant autour des « mottes » fortifiées la foule des manants qui défrichent et cultivent la terre pour le compte des seigneurs et dépendent d'eux pour leur protection.
« Point de ville sans château », a-t-on coutume de dire. De fait, quantité de « bourgs castraux » se constituent ainsi, par bourgeonnement autour de la demeure seigneuriale. D'autres s'abritent dans l'ombre des abbayes qui couvrent le monde d'« un blanc manteaux d'églises », selon l'expression du moine Raoul Glaber.

Mais l'embellie qui s'annonce à la veille de l'an mille sonne le réveil des villes anciennes et suscite de nouvelles implantations, comme les bastides dans le Sud-Ouest. Un léger réchauffement climatique et des progrès dans les techniques de labour, avec la charrue, le soc en versoir, le joug pour atteler les bœufs et l'assolement triennal, améliorent les rendements agricoles. Partout, on essarte et on débroussaille de nouveaux champs, souvent récupérés sur des marécages asséchés ; on déboise également pour les cultures ou le bois de charpente, réduisant des deux tiers les immenses forêts de France entre le IX^e^ et le XIV^e^ siècle... Bientôt, les exploitations agricoles couvrent 1 ou 2 ha, et cette prospérité rejaillit sur la démographie ; les villes se repeuplent, regroupant de 20 000 à 30 000 habitants qu'il convient de nourrir... D'où l'importance de la place du marché ! Le commerce en tire avantage, les échanges reprennent, les foires se développent, attirant quantité de marchands qui s'enhardissent à voyager au loin, sur des routes plus sûres... La circulation de l'argent, en « espèces sonnantes et trébuchantes » ou sous forme de crédit par lettres de change, contribue également à ce dynamisme. Pour autant, villes et villages ne renoncent pas à leurs chemins de ronde et châtelets. Au contraire. Pour Bernard Chevalier, auteur des *Bonnes villes de France du XIVe au XVIe siècle,* les murailles d'une cité constituent « sa force, le secret de sa puissance et le symbole de sa valeur ». Et ce, même si la fin des conflits féodaux met un terme aux raids et aux pillages, autrefois monnaie courante entre châteaux rivaux. Les chevaliers, dont l'Église canalise l'énergie guerrière, leur préfèrent désormais la chasse et les tournois, en attendant les premiers émois littéraires de l'amour courtois, au XIIIe siècle.
Malgré l'adoucissement des mœurs, les fortifications retrouvent fréquemment leur usage défensif jusqu'à et y compris la terrible guerre de Cent Ans. L'indiscipline des Plantagenêts, « officiellement » vassaux des rois de France pour leurs possessions sur le continent (autant dire la moitié de l'actuel Hexagone qui appartient au XIIe siècle à

# Les « bonnes villes », à l'abri des remparts

la couronne d'Angleterre), alimente des menaces permanentes. Si bien que Philippe Auguste en rivalité avec Richard Cœur de Lion n'a de cesse de fortifier ses fiefs. À commencer par Paris, sa capitale, où il aménage le palais du Louvre, flanqué de tours massives, avant de protéger la ville derrière un mur d'enceinte. Au passage, le Capétien, premier roi « sage » soucieux de l'opinion publique, prend soin d'indemniser sur le trésor royal les riverains expropriés ! Ses fils et petit-fils, Louis VIII et Louis IX, poursuivront dans sa voie, raffermissant le pouvoir de l'État, regagnant les régions perdues et bâtissant moult forteresses, comme Carcassonne, bastion et arsenal servant de base logistique à la conquête du Midi. Ducs et comtes leur emboîtent le pas, si bien qu'au cours du XIIIe siècle les « bonnes villes » finissent par quadriller le territoire.
Centres de vie et de commerce, les bourgs contestent l'ordre féodal. Une nouvelle classe sociale, composée de marchands et d'artisans, prend en main son destin. Les « bourgeois » s'insurgent contre les seigneurs qui prélèvent l'octroi et taxent les marchandises à la porte des cités. Ils réclament des « franchises » et s'organisent en « communes ». Leurs représentants, les consuls, financent l'entretien des remparts, voire leur extension, et les corporations montent aux créneaux pour assurer la garde...

De gauche à droite : Les villes profitent des évolutions qui adoucissent les mœurs féodales pour développer de nouveaux passe-temps, comme l'art du jardin, selon une miniature de Pierre de Crescens (XIIIe siècle, British library, Londres). Ou encore celui de la table, avec ce repas de chasse de Gaston Phœbus comte de Foix (XIVe siècle, musée Condé, Chantilly). Mais la guerre de Cent Ans rend toute leur utilité aux fortifications, ici pendant le siège de Domme (XVe siècle, musée Condé, Chantilly).
Pages précédentes : La cité fortifiée de Carcassonne, avec le château comtal et ses remparts des XIIe-XIVe siècles.

Pour leur sécurité, les villes qui renaissent à l'aube du XIe siècle s'appuient volontiers sur les vestiges de l'époque gallo-romaine. Ainsi, Le Mans, qui se développe à l'ombre de son vieux mur d'enceinte construit à la hâte vers 270 pour résister aux invasions germaniques. Investie par Guillaume le Conquérant en 1068, la ville revient à la couronne de France en 1189, conquise par Philippe Auguste qui y impose de nouvelles défenses.

Non content de fortifier le Louvre, Philippe Auguste entreprend de corseter Paris, l'enfermant dans une enceinte construite de part et d'autre de la Seine.

Selon Rigord, chroniqueur du règne de Philippe II Auguste (1180-1223), « le roi avait ordonné aux habitants de clore, avec toute la diligence possible, la cité de Paris qu'il aimait beaucoup avec des tournelles convenablement disposées et des portes... ». Les travaux, entrepris en 1190 sur la rive droite de la Seine, dite de la Ville, favorisent rapidement l'essor économique de la toute nouvelle capitale, bien achalandée grâce à son port, près du marché de la Grève, et à la Grande Boucherie. Rive gauche, le quartier de l'Université, dédié à l'enseignement et à la vie religieuse autour des abbayes Saint-Victor et Saint-Germain-des-Prés, ne sera enclos qu'entre 1210 et 1213. D'après un état des paroisses, Paris ainsi protégé abrite 61 098 feux en 1328, soit environ 200 000 habitants, ce qui en fait la principale ville d'Europe.

Domme, sur la route historique des bastides, s'impose comme une véritable « ville neuve », géométrique et tracée au cordeau autour d'une place centrale.

À partir de l'an mille, alors que la peur des famines et des invasions s'estompe, le renouveau démographique favorise l'essor des villes derrière les anciennes fortifications, et oblige parfois à construire de toutes pièces. C'est le cas dans le Sud-Ouest, divisé entre les couronnes de France et d'Angleterre, où un véritable phénomène d'urbanisation prend naissance au XIIIe siècle avec la création des bastides, du latin *bastida,* construction récente ou « ville neuve ». En moins d'un siècle, plus de 300 bastides voient le jour, implantées à proximité de Bordeaux sur les terres des Plantagenêts ou vers Toulouse pour celles relevant des Capétiens. En règle générale, elles sont fondées en paréage, c'est-à-dire partagées entre le souverain ou l'un de ses grands vassaux et une abbaye ou un seigneur du cru.
C'est ainsi que le roi Philippe III le Hardi (1270-1285), sénéchal du Périgord, achète en paréage avec Guillaume de Domme le mont éponyme surplombant la Dordogne, dont il fait une place forte face aux velléités d'expansion anglo-gasconnes. Fondée en 1281, la bastide de Domme est donc fortifiée (ce qui n'est pas toujours le cas) avec sa porte de la Combe donnant accès au chemin de ronde et l'imposante porte des Tours pour la garnison. Pour le reste, la ville neuve, contrariée par les irrégularités du terrain, doit renoncer au plan régulier, rectangulaire ou carré, qui fait alors école pour une forme trapézoïdale. Les maisons s'ordonnent autour de sa place centrale, la carra, et ses rues respectent les normes de l'époque : les carreyras permettant à deux charrettes de s'y croiser et les carreyrots réservés aux piétons.
Avec la guerre de Cent Ans, Domme tombe et retombe aux mains des Anglais. Le malheur y est si grand que la paroisse qui recensait un millier de fidèles avant le conflit n'en compte plus qu'une centaine à la fin ! Pour la repeupler, la population se voit interdire de quitter la ville, laquelle redevient française en 1438.

Beaucoup de villages médiévaux, tel Gordes classé parmi les plus beaux de France, se sont blottis au pied d'un château qui assurait leur protection.

Le château forteresse de Gordes, reconstruit au début de la Renaissance, existait déjà en 1031, époque vers laquelle s'est constitué le bourg, quelques maisons en torchis puis en pierre serrées en contrebas de l'église romane constituant une première ligne de défense bientôt fortifiée. Pour les « vilains » qui habitent le village sous la domination du seigneur, la vie quotidienne est souvent rude. Certains sont des serfs, soumis de père en fils à l'hommage servile ; d'autres, libres et salariés, possèdent parfois un lopin de terre. Mais tous dépendent du bon vouloir du château.
La féodalité repose sur un savant équilibre social, supposé inspiré par Dieu et immuable. Elle divise le monde en trois ordres mutuellement dépendants, à l'image des mystères de la Trinité : ceux qui prient, comme les moines de l'abbaye de Sénanque fondée près de Gordes en 1148 ; ceux qui combattent, les chevaliers, qui forment une élite ; ceux qui travaillent et ne possèdent rien qu'au prix de leur peine. Dans cette logique, les plus faibles ne peuvent que se mettre sous la protection des plus forts, qui se font rétribuer leurs bienfaits.
Dans son fief, le seigneur prélève ainsi un pourcentage sur les récoltes, d'abord appelé « champart » et payé en nature, puis « cens » et rétribué en espèces. Les paysans lui versent aussi une redevance annuelle, la taille, et ils sont assujettis à la dîme pour le clergé. L'usage collectif des pressoirs, des moulins et des fours banaux, propriétés du château, est rémunéré par une quote-part prélevée sur la farine ou des gerbes pour nourrir les montures. Enfin, chacun contribue par la corvée, et dans l'intérêt collectif, aux travaux d'entretien des routes, des bâtiments, des fortifications et autres curages de biefs. C'est à ce prix, lorsque sonne le tocsin annonçant l'éminence d'un danger, que les manants, poussant vaches et cochons devant eux, peuvent trouver refuge au château, dans la basse-cour qui leur est réservée.

“ Le prestige dont jouissent les chevaliers les autorise à emprunter avec leur destrier les ruelles pavées de calades pour monter au galop jusqu'au perron du château. ”

Le cheval, omniprésent au Moyen Âge, compagnon de combat et signe d'appartenance à la noblesse, contribue à façonner le paysage urbain, avec des ruelles accessibles à tout bon destrier, comme ici à Gordes (ci-dessus). Faute de voirie, les rues étroites des villes et des villages médiévaux, comme celles de Bonnieux (à gauche), sont entretenues par les riverains, chacun ayant pour mission de nettoyer devant sa porte.
Pages suivantes : Roussillon, beau village fortifié du Lubéron, dont le premier château daterait de l'an mille.

La fière cité de Carcassonne, restaurée au XIX$^{e}$ siècle par Viollet-le-Duc, doit son nom à une légende qui résume à elle seule tout l'art de déjouer un siège.

Implantée sur une butte en surplomb de la plaine de l'Aude, l'ancienne colonie romaine de *Carcaso* a subi plusieurs sièges au cours de sa longue histoire… Elle fut prise par les Wisigoths, au V$^{e}$ siècle, rattachée à l'émirat de Cordoue pendant la conquête arabe, et libérée par le roi des Francs Pépin le Bref, en 759.
De ce passé tumultueux surgit une légende résumant assez bien l'esprit de ruse qui préside parfois au destin des cités fortifiées. Carcassonne, aux mains des Sarrasins, est donc assiégée par l'empereur Charlemagne. Les murailles résistent depuis cinq ans, dit-on, mais les vivres commencent à manquer. C'est alors qu'une dame Carcas s'impose à la tête des assiégés affamés. Elle les invite à gaver le dernier cochon de la ville avec les derniers grains de blé disponibles. Puis elle sacrifie la bête en la jetant par-dessus les remparts.
À la vue du cochon gras, les assaillants, qui souffrent eux-mêmes de la faim, commencent à douter. L'audace du geste prouve à l'évidence que la ville possède encore d'énormes réserves ! Charlemagne décide de lever le siège, épargnant la cité qui finit néanmoins par capituler. À cet instant, les cloches carillonnent, et la population en liesse s'écrie : « Carcassonne ! » Le mot revient aux oreilles à l'empereur. « Je veux, exige-t-il, qu'il soit désormais le nom de cette fière cité ! » À charge pour les troubadours de colporter l'anecdote.
Par la suite, la ville connut d'autres sièges, tel celui de Simon de Montfort, en 1209, durant la croisade des Albigeois. Une fois la place pacifiée, les rois l'annexent et Louis IX la ceinture d'une seconde enceinte concentrique, longue de 1 500 m, séparée de la première par des lices. Les tours se multiplient et forment un ensemble colossal flanquant les courtines. Les portes, dont l'imposante Narbonnaise, sont défendues par des chicanes. Abritant une garnison de nobles chevaliers, la cité de Carcassonne devient une redoutable forteresse, bastion royal et modèle du genre…

Au Moyen Âge, les heures que décompte encore le cadran solaire de Ménerbes étaient pour l'essentiel consacrées aux travaux des champs. Mais les occasions de fêtes et réjouissances étaient nombreuses dans les villes et les villages, à commencer par les excentricités du carnaval qui réjouissaient tout le monde…

La vie à Ménerbes, cité du Comtat venaissin sur un éperon rocheux, était rythmée par les cloches qui carillonnaient à la tour de l'Horloge et surtout par l'ouverture et la fermeture des portes de ce bourg fortifié. Le soir, le couvre-feu vidait les rues, mais dans la journée il s'y pressait une foule colorée, joyeuse et prompte à l'algarade, composée de paysans, d'artisans, de commerçants, de femmes allant au lavoir et de crieurs publics. On y croisait également, dans un bruyant désordre, des carrioles, des chevaux, des chiens, des chats, des volailles et parfois des pourceaux fouillant les immondices. Mais qu'on y annonçât l'entrée d'un prince avec sa cour ou un prochain tournoi, et les rues étaient lavées à grande eau, jonchées d'herbes ou de joncs et tendues de bannières.

Ces festivités attiraient bon nombre de musiciens ambulants, de jongleurs, de bateleurs et des voleurs également. La population aimait aussi se rassembler en procession pour célébrer les fêtes religieuses du calendrier : Noël, l'Épiphanie et Pâques bien sûr, mais aussi les saints aimés, Michel, Jean, Paul, et la Vierge Marie… À ces rendez-vous du calendrier s'ajoutaient de nombreuses fêtes locales, familiales et privées comme les mariages, auxquels toute la paroisse était conviée.

Pourtant, la plus populaire et la plus leste des réjouissances médiévales, mentionnée depuis la fin du XIIe siècle, reste sans conteste le carnaval. Son étymologie signifie « lever la chair », et s'il marque l'entrée du carême, soit 40 jours maigres préparant Pâques, le carnaval doit beaucoup à ses origines païennes. Il autorise en effet tous les excès. On y mange quantité de viandes grasses ; on s'y livre à d'étranges mascarades ; on s'y déguise en démons sous des masques d'animaux… Temps fort de la culture urbaine qui se développe, cette fête permet à une société empreinte de peurs et de violences de « lâcher du lest », comme on dirait aujourd'hui, pendant quelques jours.

Avec sa tour carrée du XIe siècle, le château fort de Belcastel échappe aux malheurs de la guerre de Cent Ans. Mais en 1370 il tombe aux mains d'une bande de pillards, des « routiers », anciens soldats livrés à eux-mêmes par la fin du conflit, qui passent tous les villageois au fil de l'épée.

La halle de Monpazier, au cœur d'une bastide fortifiée du XIII^e siècle, témoigne du dynamisme qui stimule alors les campagnes et alimente les villes.

La bastide de Monpazier, fondée en 1284 par le roi Édouard I^er d'Angleterre avant de devenir française en 1369, est un modèle du genre, avec la place des Cornières et sa vieille halle abritant encore d'anciennes mesures à grains. Cette ville neuve n'a pas manqué de stimuler l'essor des campagnes à 30 ou 50 km à la ronde... À charge pour les paysans d'alimenter la cité et d'y apporter régulièrement les produits de nécessité courante : du blé et autres céréales, du vin, du beurre, parfois stockés dans des granges urbaines. Des marchands itinérants y vendent également des denrées plus recherchées : des lainages, des étoffes précieuses ou des épices comme la cannelle.
Principaux acteurs du développement économique, les habitants des bourgs, ou bourgeois, auxquels s'identifient ceux qui n'appartiennent ni au clergé, ni à la noblesse, c'est-à-dire les artisans et les marchands, commencent à prendre conscience de leurs intérêts communs. Ils s'insurgent contre les péages imposés par les seigneurs aux portes des villes fortifiées ; ils forment des communes ; ils exigent des franchises favorables au commerce... Certains grands, comme les comtes de Champagne, encouragent cet élan et accordent des conduits assurant aux marchands leur protection sur les routes. Ils contribuent ainsi au succès des célèbres foires « générales » de Lagny, Bar-sur-Aube, Provins ou Troyes, à mi-chemin entre les Flandres et l'Italie, c'est-à-dire au cœur de l'Europe marchande.
L'ordre féodal favorise en effet cet essor commercial. De modestes marchés agricoles maillent les provinces à trois ou quatre lieues d'intervalle. D'autres se tiennent dans les bourgs, les châteaux ou les villes, à l'occasion d'une fête annuelle, souvent celle d'un saint... Mais tout commerce, pour être prospère, exige un minimum de sécurité. À Paris, la foire de Saint-Denis dite du Lendit, victime de la guerre de Cent Ans, cesse pratiquement d'exister entre 1358 et 1436.

Au XIVe siècle, le pont Valentré, unique avec ses trois tours fortifiées, reflète la puissance de Cahors, une cité enrichie par la pratique de l'usure.

Construit par la municipalité de Cahors et ses consuls, le pont Valentré témoigne à lui seul de la puissance de cette cité médiévale. Il dresse ses tours carrées fortifiées et leurs mâchicoulis à 40 m au-dessus de la rivière du Lot dont il contrôlait les passages grâce à des portes doublées de herses. La construction, qui repose sur des arches ogivales, abritait un corps de garde et n'a jamais été attaquée, ni par les Anglais durant la guerre de Cent Ans, ni plus tard.
Selon la légende, le pont Valentré aurait été édifié comme beaucoup d'autres avec l'aide du diable, figure fascinante du Moyen Âge, dont l'intervention permet d'imaginer la difficulté des travaux qui dureront de 1308 à 1378... Les ouvrages d'art sont en effet essentiels à l'économie médiévale. Ils facilitent les communications, suppriment les passages à gué dangereux et se multiplient à partir du XIe siècle : à Paris, sur la Seine ; à Amboise ou Angers, sur la Loire... Les chantiers, initiés par les moines, sont ensuite pris en charge par les magistrats des villes qui les intègrent, comme ici, dans les ouvrages fortifiés, au même titre que les remparts.
Cahors connaît alors une époque florissante. Le trafic des vins locaux lui assure de confortables revenus. Les marchands du Quercy sont présents sur les foires de Champagne ; ils négocient à Marseille mais aussi à La Rochelle et, de là, avec la Flandre ou l'Angleterre. Ces succès, associés à l'essor monétaire de l'Europe médiévale, supposent des investissements et le recours au crédit. La ville s'est donc spécialisée dans la finance et les lettres de change. Ses banquiers prêtent à tous les grands du royaume, si bien que le mot « cahorsin » finit par devenir synonyme d'« usurier » !
Un enfant du pays, Jacques Duèse, fils de banquier, deviendra pape en Avignon sous le nom de Jean XXII (1316-1334). Il évitera de recourir à l'usure, condamnée par l'Église, mais couvrira sa ville de bienfaits, y ouvrant notamment une brillante université.

Jusqu'à nos jours, la forteresse de Dinan se rappelle avec fierté que cette « bonne ville » de Bretagne a vu naître le connétable Bertrand Du Guesclin.

Avec sa porte du Guichet et 2 600 m de remparts, Dinan, « la perle du duché de Bretagne », cultive la mémoire de Bertrand Du Guesclin, fils de petite noblesse qui naît ici vers 1320. Son courage devient vite légendaire. Ne défait-il pas seize chevaliers en tournoi avant de s'emparer par la ruse d'une forteresse, en déguisant ses soldats en paysannes ? Le roi Charles V le nomme connétable, son conseiller militaire en 1370, et Du Guesclin, qui préfère les escarmouches aux batailles rangées, l'aide à reconquérir les fiefs cédés à l'Angleterre par le traité de Brétigny (1360). Il meurt de la dysenterie, en 1380, durant le siège de Châteauneuf-de-Randon en Auvergne. Le roi veut qu'il soit enterré à Saint-Denis où son gisant rappelle à l'arrogante noblesse que les chevaliers sont désormais au service de la couronne de France.

Le vieux pont de Léhon, jeté à Dinan sur la Rance, existe depuis le Xe siècle, initialement construit en bois par les moines d'une abbaye voisine pour remplacer un passage à gué utilisé depuis l'époque gallo-romaine sur la route de Rennes. Essentiel aux transports des hommes et des marchandises, le pont a été rebâti en pierre au XVe siècle, et plusieurs fois remanié depuis.

# Les ports fortifiés,

## sauvegardes du littoral

La mer et ses horizons illimités, les vagues courtes de la Méditerranée, les longues houles de l'Atlantique, et accessoirement les fleuves qui s'y jettent, alimentent au Moyen Âge autant de peurs que de rêves. Les premières sont liées aux invasions permanentes, des Vikings aux Normands, des Sarrasins aux Barbaresques, et plus tard des pirates aux corsaires de la Marine anglaise… Les seconds sont tournés vers le large et les terres lointaines, les fastes de Byzance, l'Orient des croisades, la route des épices, comme autant de promesses de fortune et de gloire. Défendre sa vie et bientôt ses richesses conduit dès le IXe siècle à fortifier les côtes françaises, malgré l'ampleur de la tâche. Le danger pointe souvent ses voiles à l'horizon. Ce sont celles des bateaux vikings, les knors à l'étrave puissante

et les drakkars dont la proue dessine la figure d'un dragon menaçant. Venus de Suède ou de Norvège, ces navigateurs audacieux croisent près du littoral de la Manche tandis que se disloque l'Empire carolingien. Ils remontent les fleuves, la Seine jusqu'à Paris, et quand ils débarquent, jouant de l'effet de surprise, c'est pour tuer, incendier et piller… Les Sarrasins musulmans, qui naviguent en Méditerranée, procèdent pareillement. Leurs incursions sur la côte, près du massif des Maures, menacent tout le Midi jusqu'à la victoire de Guilhem « le Libérateur », comte de Provence, qui les chasse en 972… Devant ces invasions, ce sont les moines qui, les premiers, fortifient leurs abbayes, celle de Jumièges en bord de Seine, ou celle des bénédictins de Lérins, sur une île du littoral provençal. Mais avec la paix revenue et l'essor démographique, les ports marchands se développent à l'instar des villes et, comme elles, se mettent en défense. On y dresse des courtines et des tours à l'entrée des bassins que ferme la nuit une lourde chaîne tendue, interdisant la circulation des navires. On dresse également des bastions de plein vent, construits au prix de mille difficultés sur d'improbables cailloux, en des points stratégiques du littoral où ils contrôlent les passes.

Car à la différence du château fort féodal conçu pour résister et survivre durant des mois en autarcie, les ports marchands ne peuvent courir longtemps le risque d'être isolés de la mer, sauf à périr asphyxiés. Dès le XIIe siècle, en effet, de véritables flottilles marchandes sillonnent les côtes d'Europe. Les progrès techniques autorisent les voyages au long cours, loin des amers rassurants qui ponctuaient auparavant la navigation à vue. La boussole d'origine incertaine, chinoise peut-être, introduite par les Arabes ou redécouverte par des marins occidentaux, permet de s'aventurer en haute mer sans crainte de perdre le nord. L'astrolabe, instrument arabe, autorise de savants calculs de latitude et de longitude, grâce auxquels les Génois sont les premiers à établir, en 1297, une liaison maritime entre l'Italie et Bruges… Tandis que s'impose le gouvernail d'étam-

# Les ports fortifiés,
## sauvegardes du littoral

bot et que voguent quantité de coques et de voiles plus manœuvrantes, les échanges grandissent entre la Méditerranée et l'Atlantique via Gibraltar. Au sud, les villes portuaires italiennes de Gênes, Amalfi et Venise se taillent la part du lion dans le commerce méditerranéen, où Marseille tente de s'imposer ; au Nord, les villes germaniques et scandinaves de la Hanse monopolisent le commerce en mer du Nord et dans la Baltique, mais elles négocient avec La Rochelle ou Bordeaux qui exportent leurs vins. Sans compter les routes ouvertes par les croisades avec le Levant et plus loin encore vers l'Asie mystérieuse, qui fournit des perles, des soieries, des parfums capiteux, des épices parfumées.

Rapidement, les ports s'exonèrent de l'autorité féodale pour afficher leurs privilèges. Certains sont de simples ports « d'ordre » où l'on vient aux nouvelles avant de relâcher ; les ports d'escale permettent de se ravitailler, réparer ou relever l'équipage. Beaucoup se spécialisent, construisant des pontons, des entrepôts et un phare pour assurer le commerce du blé, des vins, des fourrures ou du sel… Le phénomène, qui touche l'Europe médiévale, s'accentue avec la Renaissance et les grandes découvertes. Mais alors que les châteaux forts menacent ruine et que les villes repoussent leurs enceintes, les ports entretiennent encore et pour longtemps leurs tours de guet.

La célèbre « tapisserie de la reine Mathilde » à Bayeux évoque en 58 scènes brodées sur une toile longue de 70 m et haute de 50 cm la conquête de l'Angleterre par Guillaume le Conquérant, en 1066. De gauche à droite : la flotte des Normands traverse la Manche ; Guillaume attaque le port de Dinan et échappe aux sables mouvants dans la baie du mont Saint-Michel.

Pages précédentes : L'entrée du Vieux-Port à Marseille, plusieurs fois fortifiée depuis le XIIe siècle.

**À l'abri du fort Saint-Jean, Marseille prospère en organisant le voyage des croisés en Terre sainte, avant de commercer avec toute la Méditerranée.**

Comme la cité antique, la ville médiévale de Marseille se rassemble autour de la calanque protégée du Lacydon. Placée au XIe siècle sous la double autorité des châteaux de Babon et du Tolonée qui se partagent la suzeraineté sur les villes haute et basse, le port s'émancipe rapidement de la tutelle féodale. Au XIIe siècle, une confrérie du Saint-Esprit anime un mouvement communal qui se charge de l'entretien et de la défense du « vieux port ». Celui-ci est fermé par une chaîne imposante de 226 anneaux tendue entre la tour Saint-Nicolas et la tour Maubec, détruites et remplacées pour l'une d'elles par la tour Carrée du roi René, qui commandera l'entrée des bassins au XVe siècle.

En attendant, avec la conquête de Jérusalem en 1099 et la création des États latins d'Orient, Marseille organise voyages et pèlerinages en Terre sainte. Le port, où l'ordre militaire des Hospitaliers de Saint-Jean de Jérusalem édifie la commanderie du fort Saint-Jean, détrône partiellement son rival : Gênes en Italie, auquel il dispute le fret de la troisième croisade (1189-1192) via Messine et la Crète. Marseille gagne ainsi le droit de disposer en concession d'un quartier dans Jérusalem, avec son église. Et ses armateurs entretiennent un commerce lucratif avec le Levant, qui ne s'arrêtera qu'avec la chute de Saint-Jean-d'Acre, dernier bastion franc à tomber aux mains des infidèles en 1291.

Beaucoup plus tard, Marseille, pour avoir soutenu la Fronde des princes contre le jeune Louis XIV, est contrainte de déposer les armes, précisément au fort Saint-Jean… Le roi, méfiant et désireux d'établir un port de guerre en Méditerranée, lui préfère Toulon. En revanche, il dote la ville d'une nouvelle citadelle, le fort Saint-Nicolas, tandis que le fort Saint-Jean réaménagé pointe ses pièces d'artillerie vers le large. Mais aucune muraille n'empêchera la grande peste apportée par un navire d'Orient de débarquer ici en 1720, décimant la moitié de la population.

116

Au large de Marseille, le château d'If entre dans l'histoire avec le roman d'Alexandre Dumas : *Le Comte de Monte-Cristo* et sa célèbre évasion.

Le château d'If devait être une forteresse inexpugnable, protégeant le port de Marseille à quelques encablures. Ainsi en avait décidé François Ier découvrant, à son retour d'Italie en 1516, l'intérêt stratégique de cet îlot calcaire battu par les flots. Peu après, le fort, avec un donjon et trois tours cylindriques, abritait une garnison derrière ses murailles crénelées.

Au XVIIe siècle, le château d'If devient une prison d'État de sinistre réputation. On y emprisonne des protestants après la révocation de l'édit de Nantes, en 1685, et peut-être le mystérieux Masque de fer. On y incarcère aussi un certain abbé José Custodio Faria, homme de cour, un moment la coqueluche du tout-Paris, dont Alexandre Dumas se souviendra. C'est grâce à son sosie littéraire que l'infortuné Edmond Dantès trouvera les moyens d'assouvir sa vengeance.

**Vigies de pierre à l'abandon, les tours génoises défendaient jadis les côtes de l'île de Beauté contre les incursions des pirates barbaresques. Édifiées aux XVI^e^ et XVII^e^ siècles dans des sites spectaculaires, elles constituaient un formidable réseau de surveillance, aujourd'hui encore emblématique de la Corse fortifiée.**

Le péril barbaresque n'est pas un vain mot, qui menace durant plus de deux siècles les côtes de la Méditerranée occidentale, après la chute de Constantinople en 1453. Les pirates turcs, basés à Alger, écument la *Mare Nostrum,* attaquant les navires marchands et lançant des razzias contre les villages de pêcheurs où ils raflent des prisonniers ensuite vendus comme esclaves.

La Corse, alors sous domination génoise, est particulièrement vulnérable, et l'on ne compte plus les exactions commises par les Barbaresques contre les populations locales. Mais l'idée fait son chemin de ceinturer l'île d'un véritable réseau de surveillance, permettant de donner l'alerte à la première voile suspecte et d'organiser la défense des ports. Les premières tours génoises sont construites vers 1510, et leur édification s'intensifie ensuite jusqu'en 1620. Au total, une centaine de tours sont dressées face au large, dont une soixantaine toujours debout, pour la plupart rondes et hautes de 10 à 15 m. Leur entretien était à la charge des habitants.

Ce réseau de fortifications, en apparence modeste, se révéla formidablement efficace. Chaque poste de guet – qui émettait des signaux optiques : flammes et fumées – était en vue de son voisin immédiat qui répercutait aussitôt le message... De sorte qu'en moins d'une heure, dit-on, l'ensemble du littoral était averti de l'éminence d'un débarquement. Et chacun d'organiser la défense.

Le système fonctionne jusqu'à la victoire de Lépante et le triomphe des Espagnols sur la flotte turque, en 1571, qui mettent officiellement fin aux agissements des Barbaresques. Mais les pirates n'en continuent pas moins à écumer la Méditerranée, et il faut attendre le XVII^e^ siècle pour que les galères du Roi-Soleil, commandées par Abraham Duquesne, les délogent de leurs repaires en Afrique du Nord.

Pour le port de La Rochelle, fortement enrichi depuis le Moyen Âge par le commerce des vins de l'Aunis avec l'Europe du Nord, le malheur viendra de la terre.

Favorisé par Aliénor d'Aquitaine au XIIe siècle et jouissant de nombreux privilèges et franchises, y compris celui de battre monnaie, le port de La Rochelle commerce avec toute l'Europe du Nord, l'Angleterre ou les villes de la Hanse. Leurs navires viennent y chercher des vins locaux de l'Aunis et du sel récolté dans les marais salants voisins. Les pierres de lest, abandonnées sur place par les bateaux qui repartent cales pleines, servent à consolider les murailles de la cité. Construite entre 1380 et 1390 face à la tour Saint-Nicolas, la tour de la Chaîne abrite le mécanisme de levage de la lourde chaîne qui contrôle l'entrée du havre, également gardée par des gens d'armes, d'habiles arbalétriers.
Jalouse de ses privilèges et soucieuse de « corriger les grands abus et corruptions » de son temps, La Rochelle, parfois appelée la Genève française, se rallie au protestantisme, en 1568. Des années plus tard, elle reste la dernière « place de sûreté » à profiter des avantages octroyés par Henri IV aux huguenots. Sa prospérité agace d'autant plus la couronne de France qu'en 1627 l'Angleterre, bien décidée à protéger ce fief réformé, confie au duc de Buckingham le commandement d'une flottille qui met le cap sur l'île de Ré. Richelieu, ministre de Louis XIII, réussit à repousser l'escouade, mais l'alerte a été chaude. Décidé à en finir, le cardinal reporte alors ses forces sur La Rochelle. Le siège, immortalisé en 1881 par le peintre Henri Motte, se prolonge quatorze longs mois. Richelieu, casqué et botté, dirige en personne les opérations. Le port est coupé de la mer (et des secours anglais) par une digue infranchissable, longue de 1 500 m sur 8 m de large, élevée sur un socle de bateaux remplis de gravats et coulés. 4 000 ouvriers la confortent et l'arment de nombreux canons. La Rochelle résiste, mais sa population meurt de faim et passe de 27 000 habitants à 5 000 ! La cité capitule le 28 octobre 1628 ; les survivants seront amnistiés mais les murailles rasées.

Édifié sur une colline vers 1560, le fort de Mont-Alban constitue l'une des pièces essentielles à la défense de Nice, port de guerre de la maison de Savoie, province définitivement annexée par la France en 1860. Modèle d'architecture militaire du XVI<sup>e</sup> siècle soigneusement restauré, il domine toujours la Méditerranée.

Par sa position au large de Cannes, l'archipel des îles de Lérins, occupé dès l'Antiquité, était voué à jouer un rôle stratégique dans la défense de la côte aujourd'hui dite d'Azur. Même les moines, installés depuis le Ve siècle sur Saint-Honorat, seront obligés d'édifier une tour de refuge contre les Sarrasins.

Les moines clunisiens de Saint-Honorat réaménagent au XIe siècle leur ancien monastère, parmi l'un des premiers de France. Les Sarrasins menacent alors les côtes, et pour échapper aux meurtres et aux pillages les populations du littoral se sauvent dans les montagnes de l'arrière-pays, investissant parfois des nids d'aigles et exploitant les défenses naturelles des pré-Alpes. Mais sur l'île la fuite est impossible, et la communauté religieuse se dote, sous l'impulsion de l'abbé Adalbert II, d'une tour de refuge. Les caves renferment les réserves de vivres, ainsi qu'un moulin à huile et un four à pain. Le premier étage est consacré à la vie communautaire et le deuxième à la prière. La salle haute, en revanche, est occupée par la garnison, et les terrasses servent de postes de guet et de défense. Propriété durant des siècles des moines de Lérins, l'île voisine de Sainte-Marguerite, la plus grande avec 160 ha, est fortifiée au XVIIe siècle à la demande du duc de Guise, soucieux de verrouiller l'accès à Cannes par la mer. L'ouvrage initial est agrandi peu après par les Espagnols qui occupent l'archipel. Ils y imaginent un astucieux système de récupération des eaux de pluie, avec quatre bassins de décantation et deux citernes. La citadelle, redevenue française en 1637, est considérablement renforcée et prend le nom de fort Royal (ci-contre). L'artillerie y occupe une place importante, avec une poudrière cernée de hauts murs pour parer aux conséquences d'une éventuelle explosion. Il existait également des fours à rougir les boulets en fonte. Indispensables à la défense côtière, ils permettaient de projeter sur les voiles ennemies et les structures en bois des bateaux de véritables boules de feu qui les incendiaient aussitôt. De leur côté, les vaisseaux de guerre étaient armés de canons, montés sur de petits chariots navals, mais très difficiles à recharger faute de place sur le pont pour le recul.

**Planté face au large sur un éperon rocheux, le Vieux-Château de l'île d'Yeu résiste en solitaire aux assauts de l'Atlantique depuis le XIIe siècle.**

Il aura fallu de l'audace et du courage pour construire sur l'île d'Yeu, perle des îles du Ponant face au littoral vendéen, un château susceptible de résister aux attaques vikings autant qu'aux assauts de l'Atlantique dont les eaux lèchent les murailles. Et pourtant... Ce sont des religieux qui auraient dressé ici les premières palissades en bois d'un *castrum* qui allait devenir, sans doute dès le XIIe siècle, un véritable château fort, remanié par la suite.

On peut imaginer, malgré l'air du large et les embruns, que le chantier n'était guère différent de ceux entrepris sur le continent à l'époque médiévale... On y travaillait en général du lever au coucher du soleil, au rythme des saisons : soit 8 heures de la Saint-Michel à Pâques et 12 heures de Pâques à la Saint-Michel, avec des pauses quand l'hiver devenait trop rigoureux. Les fêtes religieuses (quatre-vingt dix jours en comptant les dimanches) étaient chômées.

Le site spectaculaire du Vieux-Château, dressé sur un pan de roche détaché de la falaise, a sans doute simplifié les travaux de fortifications, évitant d'avoir à creuser des fossés avec leurs escarpes et contrescarpes maçonnées. En revanche, la puissance du château se résumant à la solidité de ses murs, les tailleurs de pierre ont dû peiner pour mettre au gabarit les blocs de granit et les aligner en assises régulières jointes par un mortier. Sans parler des échafaudages nécessaires, tandis que les tours qui encadrent la courtine s'ancraient dans le rocher. C'était l'œuvre des charpentiers, également en charge des outils de levage : la cage à écureuil ou le système des poulies, mais aussi des éléments de défense : le pont-levis, la herse, les hourds.

Au XVIe siècle, le Vieux-Château s'adapte à l'artillerie. Il sert ensuite de refuge aux Chouans pendant la guerre de Vendée (1793-1796) et de prison au maréchal Pétain, chef de l'État français à Vichy (1940-1944), condamné à la détention perpétuelle après la Libération.

“Collioure aurait pu y perdre son âme, mais le château royal inlassablement fortifié par les uns et les autres – la France, l'Aragon, les rois de Majorque et les Habsbourg d'Espagne – y a trouvé son charme.”

**Fréquenté depuis l'Antiquité par les Grecs, Collioure, le port au clocher d'or, a su traverser les très nombreuses vicissitudes d'une histoire agitée.**

Aujourd'hui assagi au pied du clocher-phare qui commandait jadis l'entrée du port, Collioure s'enorgueillit d'un passé mouvementé. Les navigateurs grecs et phéniciens connaissaient déjà ce havre blotti entre les chênes verts au pied des monts Albères. Les Romains l'appelaient *Cauco Illiberis,* et en 673, un roi wisigoth y installa son château, confortant le rôle stratégique et marchand de la cité mérovingienne. Elle devint, au cours du Moyen Âge, le premier port du Roussillon, négociant des draps, de l'huile d'olive et du vin contre des épices parfumées, des soieries orientales et divers produits exotiques...

Riche et convoitée, la cité de Collioure va changer de mains plus souvent qu'à son tour. La voici propriété des comtes de Roussillon ; elle appartient ensuite aux rois de Majorque avant de tomber sous la coupe du royaume d'Aragon. Le roi Louis XI se l'approprie et la rebaptise un temps Saint-Michel, quand Charles-Quint et les Habsbourg d'Espagne s'en emparent eux aussi... Jusqu'à ce que les armées de Louis XIII, dont les mousquetaires et le fameux d'Artagnan immortalisé par Alexandre Dumas, assiègent la ville en 1642. La flotte royale bloque le port, contraignant les Espagnols à se rendre. Collioure et le Roussillon sont rattachés à la France par le traité des Pyrénées, en 1659.

De ces péripéties, le château royal conserve le souvenir. Le donjon des XIIIe-XIVe siècles est remanié par Charles-Quint et son fils Philippe II d'Espagne qui font raser les maisons attenantes au profit d'une place d'armes. Au milieu du XVIIe siècle, la ville haute est également détruite au profit de nouvelles fortifications, œuvres de Vauban, au service de Louis XIV...

Quant au port, célèbre au XIXe siècle pour sa pêche aux anchois, il voit son phare médiéval devenir clocher pour l'église paroissiale. Il est coiffé, en 1864, d'une coupole enduite d'un mélange de tuiles pilées et de chaux qui lui donne sa couleur incomparable.

**L'archipel des îles Saint-Marcouf, qui ne peut avoir échappé au contrôle des Vikings, a longtemps abrité un repaire inexpugnable de corsaires anglais.**

Un moine, qui y passait le carême au VIe siècle, leur a laissé son nom. Mais au temps des invasions barbares, les îles Saint-Marcouf sont les premières sur la route des drakkars qui naviguent vers le Cotentin une fois franchi l'estuaire de la Seine… Comment ne pas croire que les Vikings, qui multiplient leurs incursions sur le littoral de la Manche vers la fin du VIIIe siècle, n'ont pas fait escale ici pour hiverner ? Ces hommes du Nord, appelés « North-men » et bientôt « Normands », arrivent de Scandinavie. Navigateurs experts, ils assaillent les côtes et remontent les rivières. Et partout, selon les chroniques, « ils dévastent le pays et en massacrent les habitants dans leurs courses »…

Pourtant, les Vikings s'installent. Ils se convertissent, mettent le pays en valeur et initient les populations locales à la construction navale et à la pêche. Les Francs et les Anglais leur accordent une reconnaissance prudente, tel Charles III le Simple qui abandonne une partie de la Neustrie, en 911, au chef viking Rollon, premier duc de Normandie. Quelques générations plus tard, l'un de ses héritiers, Guillaume le Bâtard promis à devenir le Conquérant, envahit l'Angleterre et remporte la bataille de Hastings, en 1066. Les relations avec la France en seront à jamais changées.

Les deux îles Saint-Marcouf, celle du Large et celle de Terre, demeurent possessions anglaises durant des siècles. Elles sont transformées en repaire de corsaires à l'époque de la « course » (XVIIe et XVIIIe siècles) qui oppose dans la Manche les Jean Bart et autres Robert Surcouf à leurs homologues de la « perfide Albion ».

L'archipel, rendu à la France en 1802, est fortifié par Napoléon Ier. L'île du Large est coiffée d'une caserne circulaire de 52 m de diamètre, avec deux niveaux casematés pour la troupe et les réserves de poudre. Des souterrains abritent des magasins et une citerne d'eau. De quoi soutenir un siège qui ne viendra pas, exposant seulement la forteresse à subir les assauts du temps et du vent.

Malgré ses imposantes proportions, ce vaisseau de pierre ancré dans l'Atlantique, au large des côtes de la Charente, n'aura été qu'un rêve de fortifications.

Le fort Boyard a été conçu tardivement, en 1801, comme un défi aux Anglais par Bonaparte, encore Premier consul. Sa construction, sur un haut fond appelé la longe de Boyard, entre les îles d'Aix et d'Oléron, va nécessiter d'énormes travaux d'enrochement pour supporter l'impressionnante citadelle : 68 m de longueur, 31 de largeur et 20 de hauteur.

Alors que l'empereur guerroie contre l'Europe entière, les retards se multiplient et le chantier s'arrête en 1809. Il ne reprendra qu'en 1841 pour s'achever sous le Second Empire, en 1859. Mais à cette date, le système d'artillerie est devenu obsolète, la portée des pièces ayant considérablement augmenté. Par défaut, le fort Boyard servira de prison pour les Communards, après l'insurrection de Paris, en 1871. Abandonné par l'armée vers 1910, il a retrouvé toute sa prestance depuis qu'il fait de la télévision !

Le port breton de Morlaix, enrichi par le commerce des toiles de lin, est mis à sac par des pirates anglais qui font main basse sur la ville, en 1522. Les habitants, fidèles à leur devise « S'ils te mordent, mords-les ! » ripostent en élevant à leurs frais le château du Taureau, imposant Cerbère posté devant l'entrée de la baie. Nul ne s'y risquera, condamnant le fort à son destin solitaire…

Planté sur la côte d'Émeraude, défendu de la mer par de hautes falaises et de la terre par deux ponts-levis, le fort La Latte ne veille plus que sur la lande.

Si les pierres n'étaient pas muettes, elles raconteraient sans doute la tumultueuse histoire du château de la Roche-Goyon, appareillé en grès rose, à partir du XIIIe siècle, sur les ruines d'un fort primitif, par les sires de Guyon, seigneurs de Matignon, l'une des grandes familles de Bretagne.
Le château, dressé sur une langue rocheuse qui domine la mer à 60 m au-dessus des vagues, épouse les normes féodales, avec son donjon cylindrique, son enceinte flanquée de trois tours de défense, ses archères étroites et ses mâchicoulis. Durant les interminables conflits médiévaux qui opposent la France à l'Angleterre sur les côtes de la Manche, le château de la Roche-Goyon commande l'entrée de la baie de la Fresnaye, protégeant le port de Saint-Malo. Il est occupé par les Anglais en 1370 et repris par Du Guesclin en 1379... Entre-temps, il est fort possible que les maîtres de céans se soient adonnés à l'un des sports favoris de l'aristocratie médiévale : la chasse au faucon, pratiquée à cheval à travers les landes et à laquelle assistaient les dames.
Impliqué au XVIe siècle dans les guerres de la Ligue, le château est assiégé par 2 000 hommes qui l'incendient, sauf le donjon. Puis le fort renaît de ses cendres, prenant son nom actuel. Un siècle plus tard, le Roi-Soleil, préoccupé par la protection du littoral, en fait une place forte pour la défense côtière, engageant d'énormes travaux, de 1689 et 1699, pour y abriter des pièces d'artillerie et une garnison royale... Le fort La Latte, militairement déclassé en 1890, est en revanche classé monument historique en 1925 (restauré à partir de 1931). Il sert de décor, en 1957, au film *Les Vikings,* tourné par le cinéaste américain Richard Fleischer qui en fait, pour les besoins du scénario, un château en Écosse que se disputent les vedettes Kirk Douglas et Tony Curtis... Et si les pierres n'étaient pas muettes, elles diraient peut-être que le fort a connu là son meilleur emploi.

# Des forteresses
## pour la « paix de Dieu »

Dans l'univers médiéval, où tout évoque symboliquement les tourments du péché et les miracles de la grâce, la référence permanente à Dieu offre à l'Église l'occasion de construire plusieurs forteresses et d'armer nombre de bras pour sauver la foi et son propre pouvoir. Aux débuts de la féodalité, cette Église qui a déjà fondé quantité de monastères et baptisé quelques rois depuis Clovis, semble pourtant dépassée par les forces obscures de la chevalerie naissante qui réunit, à vrai dire, beaucoup de chefs de guerre et de pillards grisés par leur prestige d'hommes à cheval… Irascibles, orgueilleux, jaloux des avantages que procure la force, ils tyrannisent les campagnes, brûlent les granges, volent les églises et sèment la terreur. À ces chevaliers aux mœurs belliqueuses, l'Église propose au tournant

du XIe siècle un idéal de vie susceptible de canaliser leur énergie guerrière. Ce groupe social va s'affirmer comme une élite, une caste « élue », née pour protéger le faible, le pauvre, la veuve et l'orphelin, mais armée également pour défendre Dieu à travers la sauvegarde de ses clercs et de leurs biens. L'adoubement devient un rite de passage, marquant l'entrée en chevalerie après la veillée d'armes, une nuit passée en prières. Ordonné par l'évêque qui bénit la bannière, la lance, le bouclier et surtout l'épée, l'impétrant jure de « n'envahir aucune église [...] de ne prendre ni gaspiller le bien des autres [...] de n'incendier ni détruire les maisons »... Et ce jusqu'au sacrifice de soi pour « défendre le Juste et le Droit ». Toujours pour encadrer cette jeunesse en quête d'un modèle de perfection virile, l'Église instaure la « paix de Dieu », qui condamne les guerres « privées », vaines vengeances et rivalités stériles entre seigneurs voisins. Elle promulgue aussi la « trêve de Dieu » avec ses interdictions, comme celle de tuer du jeudi au dimanche ou encore de combattre durant les fêtes liturgiques sous peine d'excommunication. Mais elle ne viendra jamais à bout des tournois, pourtant vilipendés.

Car si l'Église, les papes et parfois les rois rêvent de paix, la violence reste quotidienne au Moyen Âge, et personne ne s'y trompe, ni les chevaliers, ni les moines, qui tous fortifient leurs demeures. Selon les époques et les menaces, les abbayes exposées aux frontières, comme Saint-Martin-du-Canigou, se réfugient derrière de hauts murs ; les évêques, qui remodèlent leurs cathédrales, n'hésitent pas à en fortifier plusieurs, Béziers ou Albi, pour marquer les esprits et protéger les reliques. Quant aux souverains pontifes qui s'installent en Avignon, ils érigent une forteresse autant qu'un palais des Papes...

Très vite en tout cas, vers la fin du XIe siècle, l'Église, faute d'imposer la paix, entreprend de christianiser la guerre. « Dieu le veut ! » s'exclame le pape Urbain II, le 27 novembre 1095 à Clermont où il prêche la première croisade, engageant les che-

# Des forteresses
## pour la « paix de Dieu »

valiers à retourner leurs lances contre les infidèles qui se sont emparés du tombeau de Jésus, à Jérusalem... Dieu le veut ! et les nouveaux soldats du Christ, *milites Christi,* feront désormais pénitence les armes à la main !

Les croisades ne sont pas sans incidence sur la France fortifiée. Elles voient naître au XIIe siècle des ordres religieux militaires, les Templiers, les Hospitaliers et les chevaliers Teutoniques (germaniques). Ceux-ci participent à la défense des États latins d'Orient et aménagent les forteresses prises aux musulmans en redoutables citadelles comme le krak des Chevaliers, en Syrie, dont le modèle sera « importé » par Philippe Auguste, à son retour de croisade. Par ailleurs, ces ordres connaissent un tel succès qu'ils deviennent de véritables puissances financières et implantent leurs commanderies comme des bastions à travers le royaume. Le pouvoir acquis par les Templiers déplaira au roi Philippe IV le Bel (1285-1314) qui les poursuivra jusqu'au bûcher, en 1310.

Entre-temps, d'autres châteaux et d'autres bûchers auront flambés, allumés dans le Midi languedocien par la « croisade des Albigeois », la première lancée en terre chrétienne par le pape Innocent III, en 1208. Ici encore, la guerre et ses atrocités font valoir leurs droits, donnant aux châteaux cathares leur triste raison d'être : des citadelles assiégées.

L'Église du Moyen Âge appelle à la croisade et pousse les rois et les chevaliers à combattre en Terre sainte les forteresses des infidèles. Saint Louis se croise ainsi deux fois pour prendre Damiette, dans le delta du Nil (à gauche), puis Tunis, où il trouve la mort en 1270 (au centre). Les moines-soldats de l'ordre des Templiers, quant à eux, sont jugés pour hérésie par Philippe le Bel (à droite – d'après des miniatures françaises du XVe siècle).

Pages précédentes : Le mont Saint-Michel, ou la Merveille de l'Occident, entouré de ses murailles fortifiées.

**Les papes en Avignon édifient un splendide palais fortifié, abritant également une cour raffinée, digne de cette capitale éphémère du monde chrétien.**

La venue en France de la cour pontificale, en 1309, va bouleverser la physionomie d'Avignon sur les bords du Rhône. L'initiative en revient au pape Clément V, élu en 1305, couronné à Lyon et peu pressé de regagner Rome en proie à l'insécurité et aux querelles partisanes. Le roi Philippe le Bel l'approuve, trop heureux d'avoir ainsi un prélat sous la main. Sept papes français au total résideront en Avignon jusqu'en 1376. Clément VII et Benoît XIII, considérés comme des antipapes, y trouveront ensuite refuge à la suite du grand Schisme d'Occident qui met en concurrence deux obédiences s'excommuniant mutuellement entre 1378 et 1417. Pour le palais des Papes, parmi les plus grands châteaux médiévaux de France (15 000 m$^2$), ce siècle de papauté hasardeuse est avant tout celui de la magnificence. Benoît XII (1334-1342) rénove les appartements de ses prédécesseurs pour construire ce qu'il est convenu d'appeler le Palais Vieux. L'homme, un moine cistercien dédaigneux du luxe, affiche un caractère austère, et son palais, réalisé par le maître d'œuvre Pierre Poisson, lui ressemble assez. Les tours de la Campane ou des Anges sont sévères ; celle de Trouillas est haute de 52 m avec des murs de 3 m d'épaisseur talutés à la base et défendus au sommet par des mâchicoulis. Pourtant, des jardins poussent à l'abri des remparts. Ils abritent une ménagerie, dont Benoît XII raffole.

Par comparaison, son successeur Clément VI (1342-1352) est un « flambeur », grand prince d'Église et esthète. Il investit des fortunes dans le Palais Nouveau et double la surface des bâtiments sous la direction de Jean de Louvres. Ses appartements privés s'enrichissent d'une tour de la Garde-Robe. S'y ajoutent également la Grande Audience, la Grande Chapelle, le Grand Tinel ou salle des Festins, une chambre du Cerf... Le décor intérieur, fresques religieuses et scènes de chasse peintes par des artistes italiens, ruine le trésor pontifical. Mais il témoigne aujourd'hui encore de l'apogée des papes en Avignon.

Le petit port d'*Aquoe Mortuoe,* ou Eaux-Mortes, relié au golfe du Lion par un canal qui sera agrandi, intéresse Louis IX par sa situation avantageuse. Le roi l'achète en 1240 à l'abbaye de Psalmodie pour construire un port militaire, point de ralliement des croisés. Très vite, la tour Carbonnière, « clé du royaume en cette contrée » selon une chronique ancienne,

veille sur la route des marais. Celle de Constance, érigée en 1242, avec des murs de 6 m d'épaisseur, abrite la salle de garde et celle des chevaliers. En revanche, l'enceinte urbaine (1 700 m, quinze tours et dix portes) ne sera construite qu'après la mort de saint Louis, en 1270. Son parapet crénelé dissimule un chemin de ronde et pouvait être garni de hourds en bois.

**Par deux fois, saint Louis et ses troupes embarquent pour la croisade à Aigues-Mortes, associant à jamais le nom du roi à celui de la cité fortifiée.**

La ville d'Aigues-Mortes, fortifiée par Louis IX et ayant reçu de ses mains une charte de franchise, faisait tout son possible et sans doute davantage pour satisfaire son roi. Mais comment imaginer l'effervescence qui pouvait y régner quand la foule des chevaliers se regroupa ici, en 1248, après que saint Louis eut pris la croix à l'appel du pape Innocent IV pour reconquérir les lieux saints contrôlés par l'Égypte ? Le roi et sa famille, parmi laquelle son épouse Marguerite de Provence qui tombera enceinte durant le voyage, occupaient trois galères : la *Montjoie,* la *Damoiselle* et la *Reine*. Quantité d'autres navires étaient chargés de vivres, d'hommes en armes et de chevaux hissés à bord par un nouveau système d'écoutilles.
Cap est mis sur Limassol, à Chypre, où l'expédition attend l'arrivée des renforts venus du baronnage de Syrie, pour réunir au total 120 grosses nefs, 1 500 voiles et 35 000 hommes ! Malgré la prise de Damiette, dans le delta du Nil, la septième croisade, dite d'Égypte, est un échec après la catastrophique bataille de Mansoura, perdue en 1250 dans un mélange de cris et de roulements de tambour dominés par le son du cor. Saint Louis prisonnier achète sa liberté au prix fort. Replié à Saint-Jean-d'Acre, sur la côte syrienne, il ne rentre en France qu'en 1254, après le décès de sa mère Blanche de Castille.
Vingt-deux ans plus tard, Aigues-Mortes va revivre le même scénario. Mais cette fois, l'annonce de la huitième croisade plonge le royaume dans la consternation. Ces lointaines expéditions, coûteuses en argent et en vies humaines, n'ont plus la faveur des princes. L'idéal de la chevalerie s'essouffle. Pourtant, le roi persiste et se dirige curieusement vers Tunis. La chaleur y est épouvantable et l'eau croupie. Sitôt débarqué, Louis IX y succombe à la dysenterie, en 1270 ; canonisé en 1297, saint Louis entre dans la légende, et la cité d'Aigues-Mortes veille depuis à honorer sa mémoire.

Archères, douves et ponts-levis soigneusement entretenus contribuent à faire de la cité d'Aigues-Mortes, fièrement campée entre mer et marais, un chef-d'œuvre de l'art militaire médiéval. Une statue de saint Louis, réalisée par James Pradier en 1849, domine la ville, à proximité de la porte de la Gardette.

Plantée sur son rocher, ceinte de murailles, bardée de contreforts avec sa flèche tendue vers le ciel, la Merveille du mont Saint-Michel reste un lieu de pèlerinage.

Prince des chevaliers et patron des milices célestes, saint Michel devait aimer la bagarre pour choisir de terrasser le dragon en un lieu aussi difficile d'accès que le mont Tombe, à 75 m d'altitude au-dessus des eaux de la Manche. En tout cas, l'archange est impatient lorsqu'il visite en songe l'évêque d'Avranches *Albertus* pour le presser de construire ici un sanctuaire digne de lui. Et comme le prélat rechigne, saint Michel lui troue le crâne d'un doigt vengeur pour se faire obéir ! La chapelle initiale, fondée en 708 après la révélation de l'évêque Aubert, deviendra au fil des âges et des constructions cette Merveille de l'Occident, avec son chœur en gothique flamboyant.

Mais les légendes et le goût du merveilleux cher au Moyen Âge ne peuvent occulter les dures réalités. Plusieurs fois incendié, le mont Saint-Michel, seule place de Normandie fidèle à la couronne de France, devient un enjeu militaire important pendant la guerre de Cent Ans. Ses défenses initiales, dont une enceinte baignée par la mer, sont renforcées, de 1439 à 1525, en trois campagnes successives de flanquements et de consolidation des portes. Le seigneur Louis d'Estouteville, sire d'Auzebosc, « le plus riche homme du royaume en argent comptant » d'après le chroniqueur Philippe de Commynes, est le premier à dresser des courtines de pierres couronnées de mâchicoulis. À la fin du XV^e siècle, Louis XI, venu plusieurs fois en pèlerinage au mont, y fait élever le bastillon de la tour Boucle et celle de la Liberté, avant de payer sur ses propres deniers, une « bonne » artillerie, 25 hommes d'armes et 50 archers… Au XVI^e siècle enfin, les défenses s'adaptent aux progrès des armes à feu, avec l'énorme tour à canons Gabriel.

À ce rythme, l'abbaye plusieurs fois assiégée résiste. Et elle continue d'accueillir des pèlerins venus « au péril de la mer », comme on disait jadis avant de s'engager à pied dans la baie.

À l'abri de la tour Claudine, le bourg médiéval du mont Saint-Michel vit dans l'étroite dépendance de l'abbaye, avec ses moines comme seigneurs. L'habitat, autour de l'église Saint-Pierre, est dense. Les maisons en étages, avec pignon en bois sur rue, sont plusieurs fois détruites par les incendies, alors fréquents. Mais le sanctuaire attire une foule de visiteurs qu'il faut nourrir et loger, procurant à chacun une certaine prospérité. Sans parler d'une foire, créée en 1311 à la demande des abbés !

Avec des églises fortifiées sur les crêtes des Ardennes, la Thiérache témoigne du désarroi des populations soumises durant des siècles à la violence des seigneurs et des pilleurs. Face aux agressions diverses associées à la guerre de Cent Ans, aux guerres de Religion ou à la guerre de Trente Ans, les habitants n'avaient d'autres ressources que de fortifier la « maison commune », comme l'église de Dommery avec sa tour d'angle du XVIe siècle.

« Citadelle du vertige » sur un éperon rocheux au cœur des Pyrénées, Peyrepertuse devient forteresse royale pour intimider l'Aragon, son voisin turbulent.

Épousant intimement la roche dans son élan téméraire à 500 m d'altitude au-dessus de la vallée de la Verdouble, le premier château de Peyrepertuse date du début du XIe siècle. Les seigneurs de *Perapertusa* furent-ils cathares ? Leur histoire est, en tout cas, associée à la tragique croisade des Albigeois, conduite par Simon de Monfort, auquel la forteresse se soumet en 1217.

Une fois l'hérésie mâtée, le Languedoc est annexé à la couronne de France et sa frontière avec l'Aragon fixée par le traité de Corbeil, en 1258. Dès lors, Peyrepertuse, dont les propriétaires sont expulsés, devient une forteresse royale pour constituer au XIIIe siècle, avec les citadelles voisines de Puylaurens et de Quéribus, une véritable ligne de défense pyrénéenne face à l'ambitieux voisin.

Le château de San Jordi, relié au château bas par des courtines, complète l'édifice initial. Il est accessible par un incroyable escalier de pierres, dit de Saint-Louis, taillé à flanc de roc et réalisé, d'après les ordres du roi au sénéchal de Carcassonne, « avec le moins de dépenses possible » ! La porte d'entrée est protégée par une chicane et un assommoir. La récupération de l'eau de pluie, essentielle à la survie en cas de siège, se faisait par les toitures et alimentait deux citernes. Cependant, il existait aussi une fontaine, hors les murs, en contrebas : la « fount del Jacquette », contemporaine des constructions attribuées à Louis IX ou à son fils, Philippe III le Hardi.

Paradoxalement, la place n'est que modestement gardée. D'après les comptes royaux, en 1303, on y recense seulement un châtelain, un chapelain, un guetteur, un portier, vingt et un sergents et une meute de chiens… Et en 1321, la cité de Carcassonne, qui sert d'arsenal dans la région, adresse au château vingt casques en fer et dix-sept arbalètes ! Pas de quoi décourager l'ennemi, sauf à penser que ces « citadelles du vertige », selon l'expression de l'historien Michel Roquebert, jouaient un rôle essentiellement dissuasif.

À Marseille, la tour Carrée du roi René conforte au XVe siècle les défenses de la commanderie du fort Saint-Jean, concédée aux Hospitaliers à l'époque des croisades. Cet ordre religieux militaire a pour vocation de soigner les malades et de recueillir les enfants qui naîtront en cours de pèlerinage. Mais il ne recule pas devant le combat.

Les Hospitaliers de Saint-Jean-de-Jérusalem, ordre religieux fondé en Terre sainte en 1113, développent rapidement des structures médicales en Europe. Grâce aux donations, ils multiplient les « hospitalités routières », notamment sur les chemins de Saint-Jacques-de-Compostelle, et ils installent à Marseille l'une de leurs premières commanderies vers la fin du XIIe siècle. Ce bastion indépendant, situé à l'entrée du port, abrite une église à la place d'une ancienne chapelle de pêcheurs et un hôpital encastré dans la roche. L'hôtel du Commandeur, qui domine la côte, dispose d'un bassin en sous-sol, offrant un accès direct à la mer par des escaliers dérobés. Les chevaliers peuvent ainsi embarquer sans avoir de comptes à rendre aux gardiens de la chaîne qui ferme la passe. Les ouvertures de cet hôtel particulier seront murées et le toit transformé en chemin de ronde, avec tours et échauguettes, en 1385, pour protéger la ville des attaques pirates. Un siècle plus tard, le roi René fera ériger la tour Carrée dans le même but.

Mais le destin des Hospitaliers se joue loin de là, au Proche-Orient. La fondation, dont les chevaliers en armes portent la tunique noire frappée d'une croix maltaise, s'est militarisée vers 1120-1130. Ses moines-soldats contrôlent ainsi le fameux krak des Chevaliers, modèle des grandes forteresses qui trouvera un écho en France sous le règne de Philippe Auguste. Ils combattent les musulmans, sacrifiant le grand maître Guillaume de Châteauneuf et 325 chevaliers, décimés pendant la bataille de La Forbie, en 1244, avant d'être définitivement défaits à Saint-Jean-d'Acre, en 1291. Réfugiés à Chypre puis à Rhodes, les anciens Hospitaliers finiront par s'installer sur l'île de Malte, en 1530. L'ordre de Malte, aujourd'hui œuvre caritative, y trouve ses origines.

Les chevaliers de l'ordre du Temple investissent la Couvertoirade dès le XII^e siècle pour aménager un château et accueillir les pèlerins en route vers la Méditerranée et la Terre sainte. Le bourg appartient ensuite aux Hospitaliers, qui le fortifient contre les attaques des « routiers » pendant la guerre de Cent Ans.

L'ordre du Temple, riche propriétaire foncier, et ses moines-soldats entretiennent de nombreux domaines ou commanderies à travers le royaume pour la sécurité des pèlerins allant en Terre sainte. Ces places fortes seront mises sous séquestre pour renflouer le trésor du roi Philippe le Bel, qui s'acharne contre ces chevaliers jusqu'à leur perte en 1312.

Pour canaliser la violence des féodaux, l'Église encourage au XIIe siècle la naissance des ordres militaires religieux chargés de défendre Jérusalem et les États latins d'Orient, tout en protégeant les pèlerins. L'ordre du Temple de Salomon, fondé en 1119 par Hugues de Payns, un chevalier champenois établi en Terre sainte, compte parmi les premières milices. Son succès est fulgurant et les donations en terres se multiplient, constituant un vaste réseau de châteaux fortifiés et de commanderies en France et à travers l'Europe. Les chevaliers du Temple, des nobles pour la plupart, prononcent les trois vœux – obéissance, pauvreté et chasteté – avant d'enfiler sur leur armure la robe blanche ornée d'une croix vermeille qui les distingue de leurs concurrents, les Hospitaliers de Saint-Jean-de-Jérusalem, vêtus de noirs.

Deux siècles plus tard, alors que la ville de Jérusalem est perdue et l'esprit de croisade avec elle, l'empire des Templiers, puissance militaire mais aussi financière, indispose. En Avignon, le pape Clément V hésite à s'attaquer au grand maître Jacques de Molay, mais à Paris, Philippe le Bel l'entend autrement. Cherche-t-il à renflouer son trésor ? Craint-il pour son pouvoir ? Fort à propos en tout cas, un transfuge fait scandale qui dénonce les pratiques honteuses de l'ordre : la sodomie, l'hérésie, l'apostasie... Au matin du 13 octobre 1307, les templiers de France sont arrêtés au nom du roi. Leur procès brusqué les conduira au bûcher, alimentant des légendes qui courent encore.

En 1312, toutes les possessions du Temple – commanderies, châteaux et bourgs fortifiés – sont transférées aux Hospitaliers de Saint-Jean. Ceux-ci les remanieront fréquemment au cours des XVe-XVIe siècles, notamment contre les pillards.

Ci-contre : Sculpture à Poët-Laval, village de charme et ancienne commanderie des Hospitaliers.

La ville de Béziers qui n'était point cathare
a le malheur d'être assiégée et mise à sac par les croisés
venus en découdre avec l'hérésie des Albigeois.

La cité biterroise, évangélisée selon la légende par saint Aphrodise, un prédicateur venu directement d'Orient à dos de chameau, et l'une des premières de France à abriter un évêché au IVe siècle, sera pourtant l'innocente victime des soldats du Christ, appelés en 1208 par le pape Innocent III à réduire l'hérésie cathare.

La croisade des Albigeois ne fait guère le détail, en effet. Les croisés venus du Nord sont des chevaliers, des preux qui cherchent le salut de leur âme en pratiquant la guerre sainte autant qu'un éventuel butin. Béziers a le malheur de se trouver sur leur route alors qu'ils déboulent à bride abattue dans le Midi. La ville est assiégée en juillet 1209 et bientôt assaillie, à moins que, selon les mémoires d'un moine cistercien, Césaire, « quelques piétons, tout brûlants du zèle de la foi, semblables à des lions (aient posé) des échelles et escalad(é) avec intrépidité les remparts [...] Ils ouvrirent alors les portes à ceux qui les suivaient et prirent la ville ».

En tout cas, Béziers est tombée en ce jour fatal du 22 juillet 1209. Elle n'abritait guère, semble-t-il, qu'un nombre limité de cathares, à peine 222 « bons hommes »... Mais il aurait fallu pouvoir les identifier. Le moine Césaire poursuit : « Apprenant que les catholiques étaient mêlés aux hérétiques », les croisés s'adressent à l'abbé, le légat du pape Arnaud Amaury qui les accompagne : « Que devons-nous faire, Seigneur ? Nous ne pouvons distinguer les bons des mauvais. » Et la célèbre réponse serait alors tombée, telle qu'elle nous est parvenue à travers les livres d'histoire : « Tuez-les tous ! Dieu reconnaîtra les siens ! »

Le massacre est terrible : 22 000 personnes perdent la vie ; la ville, mise à sac, est incendiée et, dans les flammes, la cathédrale romane édifiée en 1130 « se fendit comme une grenade ». L'actuelle cathédrale-forteresse Saint-Nazaire, construite du XIIIe au XVe siècle en style gothique méridional, la remplacera.

Citadelle mythique du catharisme, Montségur préserve, dans le silence de ses ruines, le souvenir tragique d'un siège interminable qui s'acheva en mars 1244 par le sacrifice de 225 « parfaits », jetés vifs dans les flammes du bûcher. Selon une légende fantaisiste mais tenace, le trésor des hérétiques y serait toujours caché.
À droite : Quéribus, sur un piton rocheux à l'entrée du pays cathare, fut épargné par la croisade des Albigeois, et de nombreux hérétiques y trouvèrent refuge avant que le château, aux frontières de l'Aragon, ne tombe aux mains des Français en 1255. Son donjon polygonal, avec sa grande salle gothique, est desservi par un bel escalier à vis.

**Les châteaux cathares, dans le midi de la France, subissent le martyre pour avoir défié l'autorité du pape, qui prêche contre eux la croisade des Albigeois.**

Le pays cathare, en Languedoc, entre en dissidence au XIIe siècle, contestant les abus d'autorité de l'Église, grand propriétaire terrien qui prélève la dîme, exige le travail servile, et dont le pouvoir temporel est immense. Les mœurs du clergé sont aussi contestées, dispendieuses et peu conformes à cette perfection à laquelle tendent les « bons hommes » et « bonnes femmes » que les inquisiteurs qualifieront avec ironie de « parfaits ». Enfin, des querelles théologiques, dont une crise de l'Eucharistie, alimentent le mouvement des cathares (« purs » en grec) qui touche aussi, mais brièvement, la Rhénanie, la Flandre et l'Artois.

Les hérétiques ne sont pas si nombreux en Occitanie, et les comtes de Toulouse s'en accommodent. À Rome, en revanche, les reproches fusent, d'autant que la quatrième croisade, détournée vers Byzance, a été un fiasco. Pour les prédicateurs, la cause est entendue : si Jérusalem reste aux mains des Infidèles, c'est en raison du Mal qui règne dans la chrétienté latine et qu'il faut extirper. Prenant prétexte de l'assassinat, en 1208, du moine cistercien Pierre de Castelnau, légat du pape, Innocent III prêche la première croisade en pays chrétien, ou croisade des Albigeois. Elle est dirigée par Simon IV de Monfort, personnage ambitieux qui mène une guerre de conquête, espérant s'emparer du comté de Toulouse à des fins personnelles.

De 1209 à 1244 les sièges se succèdent, les massacres également et les bûchers flambent. Les derniers cathares sont acculés en mai 1243 à Montségur, « le sanctuaire, la forteresse et le sépulcre des albigeois », selon l'historien Napoléon Peyrat. Près de 500 personnes se réfugient dans le château gardé par une cinquantaine de gens d'armes. Le siège dure dix mois. Au matin du 16 mars 1244, ceux qui refusent de renier leur foi et les soldats qui réclament le baptême cathare se jettent dans les flammes du bûcher. 225 personnes périssent. L'Inquisition fera le reste.

Forteresse de la foi, l'imposante cathédrale Sainte-Cécile d'Albi a été conçue comme une réponse à la dissidence des « bons hommes ».

Si l'hérésie cathare est désormais réduite lorsque Bernard de Castenet, évêque de combat, pose la première pierre de la nouvelle cathédrale Sainte-Cécile d'Albi, le 15 août 1282 à la sortie de la messe, le souvenir de la dissidence reste vif. Nul doute que la construction de cette église semblable à une forteresse, avec ses contreforts semi-circulaires, ses fenêtres comme des meurtrières et sa tour-donjon dominant la ville à 78 m de hauteur, ne sonne comme un avertissement.
Pourtant, la ville d'Albi, qui donne son nom à la terrible croisade, n'a été que peu touchée par l'hérésie. Au contraire, elle compte parmi les cités méridionales qui, avec Cahors, Agen ou Uzès, prêtent main-forte aux croisés, profitant de l'aubaine pour se libérer de la domination féodale des princes et seigneurs locaux. Albi apporte ainsi son soutien à Simon de Montfort, qu'elle accueille à diverses reprises, lui fournissant une aide logistique, des vivres, voire des troupes fraîches... À terme, en effet, la croisade des Albigeois consacre non seulement la fin des hérésies, mais également la victoire décisive des barons du Nord sur le sud du pays avec, entre autres, l'annexion du comté de Toulouse à la couronne de France, en 1249, et la suprématie reconnue du pouvoir capétien.
En attendant, la lutte contre l'hérésie appelle la mise en place, sous la houlette des ordres Franciscain et Dominicain, de la terrible Inquisition. Cette institution judiciaire s'installe au XIIIe siècle dans le Languedoc (et ailleurs) avec mission d'enquêter sur la foi et de « retrancher du peuple chrétien » ceux qui choisissent d'autres chemins. Tous les moyens sont bons pour parvenir à cette fin : dénonciations, procès, interrogatoires, tortures, cachots et bûchers. Née pour servir Dieu, et par délégation la puissance du souverain pontife, l'Inquisition se met au fil du temps au service de tous les pouvoirs absolus, transmettant ses méthodes aux tribunaux royaux.

L'abbaye Saint-Martin-du-Canigou, sur un nid d'aigle en pays catalan, fortifie son enceinte contre les incursions arabes, fréquentes au XIIe siècle.

La vénérable abbaye de Saint-Martin, fondée en 1007 sur un piton rocheux dans le massif du Canigou, montagne sacrée en pays catalan, est exposée à tous les maux. Les incursions arabes, tout d'abord, menacent le monastère bénédictin et son église romane. À la fin du XIIe siècle, l'abbaye est pillée par des mercenaires, alors que les rois d'Aragon et de Majorque s'affrontent dans la région et se la disputent. Mais c'est finalement un tremblement de terre, ravageant la Catalogne en 1428, qui précipitera à terre l'une de ses deux tours-clochers défensives, la ruinant à jamais (ci-contre).

Également ruiné mais plus tardivement, le prieuré roman de Marcevol, construit au XIIe siècle à 560 m d'altitude face au Canigou, a été fondé par un ordre religieux venu des croisades : les Augustins du Saint-Sépulcre (ci-dessous).

# Le siècle de Vauban
## et son héritage

Avec l'artillerie, la guerre change de visage. Au XV^e siècle, les châteaux forts perdent définitivement leur vocation défensive, les remparts se révélant incapables de résister à des tirs de mieux en mieux ajustés. Mais la ruine des châteaux forts tient aussi aux évolutions économiques à la fin du Moyen Âge. La féodalité n'existe plus ; désormais, seules les grandes familles concentrent la fortune entre leurs mains et contrôlent, du même coup, la plupart des domaines. Les donjons abandonnés vieillissent et tombent en désuétude. Quand le pouvoir royal ne s'emploie pas à parachever le travail du temps : Henri III, puis Richelieu et Mazarin, ministres respectifs de Louis XIII et Louis XIV, s'empresseront de faire démanteler ou araser à hauteur des courtines nombre de tours jugées encore trop

orgueilleuses, susceptibles de menacer un pouvoir qui devient absolu. Les châteaux d'Angers et de Pierrefonds en font l'expérience.

La défense, en revanche, a pris un tour nouveau. Les murs des citadelles s'abaissent et s'épaississent d'une part, pour se soustraire aux tirs d'artillerie et d'autre part, pour amortir l'impact des boulets que les progrès de la métallurgie rendent toujours plus « performants ». Si bien qu'à la fin du XVe siècle, la forteresse de Salses préfigure déjà l'architecture défensive dite classique, celle du Grand siècle, héritière des progrès de la Renaissance, avec des enceintes bastionnées venues d'Italie et « optimisées » au XVIIe siècle par l'illustre Sébastien Le Prestre de Vauban (1633-1707), commissaire général des Fortifications de Louis XIV et maréchal de France.

La tâche qui l'attend est immense, car le Roi-Soleil aime à guerroyer. Une passion bien assumée qui lui fait écrire, en janvier 1688, au marquis de Villars : « S'agrandir est la plus digne et la plus agréable occupation des souverains ! ». Sous son règne, l'armée royale se transforme. L'infanterie détrône l'ancienne et noble cavalerie pour devenir « la reine des batailles » ; l'artillerie, jusqu'alors entreprise civile, gagne ses galons militaires, avec la naissance des régiments des Royal-Bombardiers et Royal Artillerie ; le génie enfin, ou l'art des fortifications, trouve son maître avec Vauban. L'ingénieur, qui est aussi soldat, expert en techniques de sièges, travaille sur tous les fronts. Côté mer, il fortifie de nombreux ports ; côté terre, il crée une « frontière de fer » à l'est du pays et invite le roi à faire « son pré carré » au Nord, face à la plaine des Flandres. Il imagine enfin quantité de forteresses au sud du territoire, si bien que la France se couvre de bastions aux frontières… Vauban généralise également les fortifications rasantes, invente les « parallèles » d'attaque et multiplie les casernes… À ce compte, les innombrables conflits qui marquent le règne de Louis XIV permettent au roi d'aligner par

# Le siècle de Vauban
## et son héritage

exemple 120 000 hommes en 1672 pour la guerre de Hollande, 280 000 en 1688 contre la ligue d'Augsbourg et près de 400 000 en 1701, pour la guerre de Succession d'Espagne... La guerre a bel et bien changé d'échelle !

Les fortifications de Vauban conservent leurs vertus défensives durant deux siècles, même si d'autres après lui, François Nicolas Benoît Haxo pour le compte de Napoléon Ier ou le général Séré de Rivières sous la IIIe République, renforcent parfois le dispositif. En attendant la fameuse ligne Maginot qui, pour ne pas avoir été prolongée jusqu'à la mer du Nord, laisse la voie libre à l'invasion allemande en mai 1940.

L'idée d'un conflit armé en Europe s'est heureusement éloignée au profit de celle, plus réconfortante, de patrimoine. Et avec ses ouvrages fortifiés par centaines, ses villes fortes, ses bastides, ses citadelles, ses donjons et autres pont-levis jetés vers le passé, la France occupe en la matière une place de choix ! Depuis le XIXe siècle, les Monuments historiques se préoccupent en effet de protéger et restaurer les fleurons de l'architecture militaire, toutes époques confondues, mais combien d'associations et de particuliers s'emploient également à leur redonner vie ? Est-il seulement un châtelain en son donjon qui ne cherche à lever la herse pour honorer la mémoire d'un ancêtre chevalier ?

Fortifié par Vauban vers 1688, Cherbourg (à gauche, XIXe siècle, bibliothèque municipale, Cherbourg) devient un port de guerre par décision de Louis XVI en 1782, et les travaux de la digue commencent deux ans plus tard (au centre, XVIIIe siècle, bibliothèque municipale, Cherbourg). Le port de Dunkerque (à droite, musée portuaire, Dunkerque) est également fortifié vers 1676 par Vauban, qui aurait profité, dit-on, des conseils de Jean Bart, corsaire du roi et enfant du pays.

Pages précédentes : La forteresse de Salses, la première à s'adapter efficacement à l'artillerie, vers 1497.

C'est au château de Bazoches, acheté avec une gratification de Louis XIV, que Vauban réalise les plans des quelque 300 places fortes et ouvrages fortifiés qui témoignent de son génie.

Sébastien Le Prestre, maréchal de Vauban, né en 1633 de modeste noblesse, consacre son existence au service du roi. À 18 ans, « doté d'une assez bonne teinture de mathématique et de fortifications », il est pourtant cadet dans l'armée frondeuse de Condé, avant de rallier la bannière de Louis XIV, qu'il servira loyalement durant plus de cinquante ans.

Lieutenant, capitaine et reçu ingénieur en 1655, il est plusieurs fois blessé avant de se faire remarquer comme éminent spécialiste pour ses plans fortifiés de Lille, « la reine des citadelles ». Dès lors le secrétaire d'État à la guerre Louvois et le ministre de la Marine Colbert feront l'un et l'autre appel à son talent en attendant qu'il endosse officiellement la fonction de commissaire général des Fortifications, en 1677. La charge est lourde. En temps de paix, elle impose à Vauban d'étudier toutes les places du pays, ne modernisant que les plus fortes pour constituer ce fameux « pré carré » dont il vante les mérites auprès de Louis XIV ; en temps de guerre, elle l'oblige à prendre ou à défendre des villes, ce qui lui vaut bientôt ces dictons élogieux : « ville fortifiée par Vauban, ville imprenable », « place attaquée par Vauban, place prise ». Ses succès lui attirent la reconnaissance du roi. Vauban est décoré de la croix de Saint-Louis, un ordre inspiré de la chevalerie, il reçoit des gratifications qui lui permettent d'acheter le château de Bazoches-du-Morvan, fortifié au XII^e siècle, où il aménage son bureau dans l'ancien donjon, avec une galerie réservée à ses ingénieurs et dessinateurs. Il obtient le bâton de maréchal de France à la fin de sa vie, en 1703, et décède à 74 ans, le 30 mars 1707.

Attristé par les misères du royaume, Vauban rédige peu avant sa mort un ouvrage, *Projet d'une dîme royale,* qui dénonce le système fiscal en vigueur. Interdit, le livre est aussitôt saisi. À sa mort, le maréchal de France est enterré à Bazoches, mais Napoléon I^er fait transférer son cœur aux Invalides, en 1808.

Face aux éternelles menaces anglaises, Vauban conforte la vieille citadelle de Belle-Isle, une étape dans un formidable périple pour fortifier la France.

Alors que Louis XIV, considérant la guerre comme la vocation naturelle d'un grand roi, réorganise son armée et l'engage sur tous les fronts, Vauban sillonne la France pour mettre le pays en défense. L'ingénieur militaire parcourt ainsi quelque 4 000 km par an à cheval ou en chaise attelée, soit 180 000 km au total durant sa longue carrière – un record, compte tenu des moyens de transport de l'époque ! – pour conduire un siège ou réparer et construire des fortifications. En 1683, il se trouve à Belle-Isle, une position sur la côte océane toujours menacée par les Anglais. Faute de pouvoir reconstruire l'ancienne citadelle d'Henri II qui protège la ville du Palais depuis le XVIe siècle, Vauban l'améliore. Il la dote de quatre puissants bastions et de hautes escarpes commandées par des portes, dont une lui rend aujourd'hui hommage.

Saint-Malo, la cité des corsaires, refuse de se laisser corseter aussi étroitement que Vauban l'aurait voulu par crainte de décourager le commerce.

Les vertus de l'ingénieur au service du génie militaire, c'est-à-dire l'arme qui prend et défend les villes, reposent d'après Vauban sur le bon sens et l'expérience. C'est pourquoi, jamais il ne codifiera l'art de la fortification, considérant que la seule loi valable en la matière suppose l'adaptation des méthodes au terrain. Saint-Malo, dont les robustes maisons s'alignent derrière une enceinte du XIIIe siècle appuyée au château, lui paraît ainsi mériter mieux. De projet en projet, il suggère de créer un bassin à flot et une ville neuve puissamment défendue, intégrant sa voisine Saint-Servan.
Mais les commerçants malouins ne l'entendent pas de cette oreille. La ville pratique en effet la « course », une activité économique de temps de guerre qui consiste à s'emparer des bateaux de commerce ennemis (anglais le plus souvent), dans les eaux de la Manche, à récupérer leurs biens et à les vendre. Cette forme de piraterie, officiellement réglementée en 1681 par Colbert, ministre de la Marine, rapporte gros. Elle fait appel à des investisseurs privés, les armateurs qui gréent les navires, les arment et recrutent leurs capitaines parmi lesquels figureront plus tard les célèbres Duguay-Trouin (1673-1736) et Surcouf (1773-1827). Les négociants vendent ensuite les marchandises saisies : tabac, porcelaines, soieries et épices. Une fois la course légalisée et les corsaires embauchés par une « lettre de marque » de l'Amirauté qui les transforment en pirates privés du roi, l'État prélèvera une dîme sur ces prises.
Les plans ambitieux de Vauban contrarient-ils ceux au long cours des Malouins ? En tout cas, ces derniers les repoussent, commettant, selon le commissaire général des Fortifications, la « plus imbécile folie ». Il n'en construira pas moins quelques positions : le fort National (ex-Royal), en granit de Chausey, la Conchée ou le Petit Bé, ainsi qu'une série de bastions. Les remparts seront ensuite modifiés jusqu'au XVIIIe siècle, reprenant pour l'essentiel les projets antérieurs.

“ Vauban s'appelait Le Prestre, petit gentilhomme de Bourgogne tout au plus [...] C'était un homme de médiocre taille, assez trapu, qui avait fort l'air de guerre [...] Il n'en était rien moins : jamais homme plus doux, plus compatissant, plus obligeant [...], avec une valeur qui prenait tout sur soi, et donnait tout aux autres... ”

(d'après les *Mémoires* de Saint-Simon)

Pour défendre les côtes, Vauban imagine tout un système de petits forts isolés en des points stratégiques du littoral, permettant de tirer au ras de l'eau à partir d'une batterie basse semi-circulaire, mais aussi du haut d'un réduit en surplomb. Ces forts, qui jalonnent l'Atlantique et la Manche, peuvent également servir de phares.

Même s'il trouve parfois ses devis trop onéreux, Colbert n'hésite pas à confier à Vauban la défense des côtes avec mission parfois d'achever certains travaux comme ceux du fort Louvois, au large de Rochefort, terminés en 1694 (ci-contre).

Travailleur infatigable, Vauban, qui rappelle en 1673 à son ministre de tutelle, Louvois, « qu'en six ans de temps, (il n'a) été que trois jours en permission », ne renâcle jamais à la tâche. Fortifier le moindre îlot, tel celui de Tatihou dans le Cotentin (à gauche) peut lui paraître essentiel. À chaque fois, le commissaire général des Fortifications témoigne d'un remarquable souci du détail. Il se rend sur place et visite les lieux, escorté par les autorités civiles et militaires locales. Pendant plusieurs jours, il arpente le terrain, note et esquisse des ébauches qui font bientôt l'objet d'un mémoire dicté à son secrétaire. Le « projet des ouvrages à faire » prend en considération les données géographiques de la place, son intérêt stratégique et ses ressources. Il précise la liste des travaux à effectuer, accompagnée de plans et de dessins. Les ouvrages déjà existants sont soulignés d'un lavis rose, ceux à créer marqués d'un lavis jaune. Vauban relit et signe le dossier en trois exemplaires, dont l'un pour l'administration du roi et l'autre pour la direction provinciale, le troisième étant conservé à demeure.

Sur place, les ingénieurs attendent les ordres pour passer à l'exécution. Le prix de la maçonnerie, des charpentes, des mortiers ou encore des tuiles est fixé par adjudication. Vauban dénonce fréquemment la recherche systématique du moindre coût, jugée préjudiciable à la qualité du travail. Enfin, les chantiers sont parfois spectaculaires, employant des milliers d'ouvriers et même des soldats payés comme simples manœuvres. À charge pour tous de répondre aux critères classiques de solidité *(firmitas)*, utilité *(utilitas)* et beauté *(venustas)*.

**Fortifier Briançon fut difficile pour Vauban, car la cité haute, à 1 321 m d'altitude dans les Alpes, est perchée sur un piton rocheux à « portée de mousquets ».**

La vocation militaire de Briançon n'est pas récente quand Vauban s'intéresse à cette cité alpine, couronnée d'un château médiéval, et à plusieurs reprises convoitée depuis les guerres d'Italie, à la Renaissance. Dès sa première visite en 1692, le commissaire général des Fortifications mesure la difficulté à entourer la ville d'une enceinte bastionnée alors que la pente interdit son développement normal. Sur le côté le plus escarpé, à l'ouest, Vauban déploie force ingéniosité pour dédoubler les défenses et adosser à la courtine de « fausses braies », des terrasses basses destinées à supporter un canon. D'impressionnantes volées d'escaliers conduisent ensuite à l'avant-porte d'Embrun. Là où la pente est plus douce, l'ingénieur aménage des « glacis », un espace dégagé entre le chemin couvert qui borde le fossé et l'extérieur. Il construit enfin le fort des Salettes avec sa « redoute », un ouvrage isolé pour l'infanterie, et érige à proximité le fort des Têtes, éventuel repli où pouvaient caserner 1 250 hommes avec 70 pièces d'artillerie.

Car héberger les troupes, jusqu'alors logées en « garni » chez l'habitant dans des villes judicieusement dites « de garnison », pose problème. Cette servitude déplaît aux populations, et le secrétaire d'État à la Guerre, Louvois, lui substitue les casernes. À charge pour Vauban de concevoir un modèle de logement, standardisé, indépendant et juxtaposable qu'il peut reproduire à l'identique selon le nombre de militaires à héberger. Cette « cellule » comprend quatre chambres groupées deux par deux autour d'un couloir, avec un escalier desservant quatre pièces identiques à l'étage, voire au second. Chaque chambrée comporte quatre lits pour douze hommes qui se relaient selon un système proche des trois-huit ! Les casernes abritent des cuisines pour une compagnie, soit 140 personnes. Adossées aux remparts, elles permettent aux soldats d'être rapidement à leur poste de combat. Les officiers, eux, disposent d'un pavillon, également standardisé, avec une chambre pour leur valet.

L'architecture défensive classique, dont Vauban se fait le champion, perfectionne les progrès réalisés dès la fin du Moyen Âge contre les tirs d'artillerie.

La balistique est une science ancienne relative au mouvement des projectiles, à laquelle la découverte de la poudre associée à l'artillerie fait faire des progrès considérables. Les premières bouches à feu apparaissent vers 1350, mais les fortifications ne s'adaptent à ce nouveau danger qu'au siècle suivant, comme ici le fort de Salses (vers 1497) presque enterré pour protéger les maçonneries des boulets de canon. Les guerres d'Italie permettent ensuite aux rois de France de découvrir dans la Péninsule une nouvelle architecture bastionnée limitant les angles morts. Elle s'impose à travers toute l'Europe au XVIe siècle. Les ingénieurs français au service d'Henri IV succèdent aux Italiens. Parmi eux, Jean Errard (1554-1610) fait figure de théoricien avec son ouvrage *La Fortification réduicte en art et démonstrée,* publié en 1600.

Vauban, qui défend la rade de Brest face à la coalition européenne de la ligue d'Augsbourg, fortifie aussi le port de Camaret, à la pointe de Crozon.

Camaret, port d'escale et « gardien du littoral armoricain », joue un rôle non négligeable dans l'épisode un peu oublié de la guerre de la ligue d'Augsbourg (1689-1697) qui trouble le règne de Louis XIV. Le conflit oppose les puissances européennes protestantes, l'Angleterre et la Hollande, notamment menées par Guillaume III d'Orange, qui reprochent au Roi-Soleil d'avoir révoqué l'édit de Nantes quatre ans plus tôt (1685), entraînant des persécutions (les dragonnades) et l'exil de 200 000 à 300 000 sujets. La coalition espère aussi imposer son hégémonie maritime et commerciale sur la Manche et au-delà.

Face au danger, Vauban, pour la circonstance promu lieutenant général de l'Armée et de la Marine, reçoit mission de défendre les côtes bretonnes. L'état-major, informé par les services secrets du royaume de France, n'ignore rien en effet d'un projet de débarquement conçu pour s'emparer « par un coup de tonnerre » du Finistère, ce cap avancé qui commande la porte de l'Atlantique.

La défense sera sans faille. Le goulet de Brest où se concentre la flotte française, déjà équipé de batteries, voit son artillerie passer de 265 à 468 canons et de 7 à 26 mortiers. Vauban porte ensuite ses efforts sur la presqu'île de Crozon et le sillon de Camaret. Il édifie là cette étonnante tour polygonale, aujourd'hui connue sous son nom, mais qu'il baptise pour sa part tour Dorée. Le rez-de-chaussée est voûté à l'épreuve des bombes, et les trois étages éclairés de meurtrières ; l'ensemble abrite onze pièces d'artillerie croisant leurs feux avec celles de la pointe du Grouin, à l'opposé.

L'armada anglaise de lord Berkeley, forte de quelque 150 bâtiments, passe à l'offensive au matin du 18 juin 1694. La riposte est immédiate : la tour Dorée tire à boulets rouges. Quand le brouillard se dissipe, la défaite de la coalition est totale, ses frégates coulées, ses chaloupes abandonnées sur la grève. En récompense, les Camarétois sont exemptés du fouage, l'impôt sur les feux.

Avec ses allures médiévales, la tour de Socoa fournit un bel exemple de ces édifices à demi ruinés par l'âge et transformés en tours d'artillerie dans la fortification classique à la Vauban.
À sa demande, l'ancien fort médiéval et ses mâchicoulis sont surélevés en 1698 par l'ingénieur Fleury pour défendre la baie de Saint-Jean-de-Luz.

Si elles n'ont pas la préférence de Vauban, les tours solitaires plantées sur des terrains exigus participent activement à la défense des côtes du royaume.

Isolé sur un promontoire rocheux à l'estuaire de la Slack, près d'Ambleteuse, le fort Mahon est le plus septentrional du littoral français. Conçu par Vauban et achevé en 1690, il devait protéger l'entrée d'un port de guerre dont Louis XIV avait souhaité la construction sans l'obtenir. Susceptible d'accueillir 20 pièces de canon, le fort d'Ambleteuse abrite une casemate, c'est-à-dire une grande salle voûtée, souvent mal ventilée, envahie par les fumées en cas de conflit mais résistant aux bombes et desservant plusieurs embrasures.
Réutilisant parfois d'anciens donjons médiévaux délabrés, Vauban fait ainsi aménager de nombreuses tours d'artillerie pour la défense côtière comme ici, ou à Saint-Vaast-La-Hougue et à l'île d'Aix. Mais l'architecte militaire recourt également à ce procédé partout où le relief se révèle trop accidenté, en montagne notamment, comme à Embrun, Entrevaux ou Seyne-les-Alpes.

Dans la France de Vauban, Villefranche-de-Conflent s'accroche à flanc de montagne pour assurer la défense du Roussillon, rattaché à la Couronne en 1659.

Fondé en 1095 sur la route de la Cerdagne propice aux incursions sarrasines dans les Pyrénées, Villefranche-de-Conflent a été très tôt fortifié, entouré d'épais remparts flanqués de tours. Puis la ville partage les heurs et les malheurs des États qui l'entourent et qui se la disputent en une succession de querelles confuses opposant les royaumes de Majorque (alors maître du Roussillon, du Conflent et de la Cerdagne), d'Aragon et de France. La paix des Pyrénées, signée en 1659, met fin aux hostilités avec l'Espagne. Tandis que Louis XIV épouse l'infante Marie-Thérèse d'Autriche, dotée de 500 000 écus d'or jamais payés, le Roussillon tombe dans l'escarcelle royale. Il n'empêche : de l'Atlantique à la Méditerranée, Vauban fortifie ce versant des Pyrénées, remaniant les places de Navarrenx et Saint-Jean-Pied-de-Port, construisant la citadelle de Mont-Louis et le fort Lagarde à Prats-de-Mollo-la-Preste, renforçant les défenses de Villefranche-de-Conflent.

Ici encore, le bastion fait merveille. De hauteur modeste pour se soustraire aux tirs ennemis mais assez élevé pour décourager l'escalade, c'est un des éléments clés de l'architecture militaire classique. Dans le tracé bastionné, en effet, chaque bastion est latéralement couvert par celui adjacent dont les feux ne laissent aucun angle mort. Les flancs portent des embrasures plus ou moins importantes pour des pièces d'artillerie dont le calibre augmente sans cesse. Mais pour une défense efficace, Vauban multiplie les ouvrages extérieurs dans ou au-delà du fossé – demi-lune, tenaille ou lunette – qui tous retardent l'approche de l'ennemi. À Villefranche-de-Conflent, encaissé au pied des montagnes, il fait spécialement couvrir le chemin de ronde d'un toit d'ardoises pour dissimuler les mouvements des défenseurs à la vue d'éventuels assaillants perchés sur les hauteurs avoisinantes. S'y ajoute le fort Libéria, comme suspendu dans le vide.

Comme le faisaient jadis les seigneurs féodaux en leurs châteaux forts, Vauban accorde une attention particulière à la défense des portes, toujours extrêmement vulnérables. S'il remplace parfois la herse par des vantaux cloutés, l'architecte du Roi-Soleil conserve le pont-levis et l'échauguette construite sur un cul-de-lampe.

Les lourdes herses en bois, aux pointes acérées renforcées de métal, autrefois manœuvrées par un treuil ou un système de contrepoids et qui coulissaient à la verticale dans des rainures, n'ont plus guère qu'une valeur de souvenir là où elles ont été conservées, comme ici à Villefranche-de-Conflent. Mais à la période classique, les ingénieurs militaires continuent d'accorder un intérêt particulier à la protection des portes dans l'enceinte défensive. Celles donnant sur l'extérieur sont fermées par le tablier du pont-levis mobile, toujours en usage avec son « pont dormant » fixe qui enjambe une grande partie du fossé. Elles sont doublées par de solides vantaux de bois armés de clous, susceptibles d'ébrécher ou de faire dévier la hache des assaillants. À l'intérieur, une seconde porte ouvre parfois à contresens pour mieux résister aux coups de bélier.

Dans la place, un « corps de garde » sert à héberger les soldats chargés de surveiller les portes les plus vulnérables. Sur ce modèle, le commissaire général des Fortifications développera d'ailleurs un type de maisonnettes, parfois appelées « cabanes à Vauban », destinées aux douaniers ou aux fonctionnaires de l'octroi, un impôt sur les marchandises prélevé à l'entrée des villes.

Enfin, l'échauguette, héritage du Moyen Âge, conserve toutes ses vertus pour la défense et le guet. Ronde ou polygonale, comme celle de Mont-Louis (à droite), elle se dresse en saillie, à l'aplomb d'un mur. Judicieusement réparties sur les remparts, notamment aux angles, les échauguettes permettent à quelques sentinelles seulement de surveiller tous les environs et de prévenir le gros de la troupe en cas d'attaque surprise sur un flanc ou un autre. Il arrive qu'elles soient démontées avant l'offensive afin que les artilleurs ennemis n'ajustent pas leurs tirs sur elles.

En première ligne des places fortes du Nord, ce « pré carré » barrant la plaine des Flandres, Le Quesnoy possédait des écluses pour inonder ses fossés.

Depuis leurs origines au XIIe siècle, le château et le bourg du Quesnoy furent inlassablement fortifiés au cours des siècles, convoités par Charles-Quint et François Ier à la Renaissance, occupés ensuite par l'Espagne et pris par les armées de Turenne en 1654, avant d'être définitivement rattachés au royaume de France par le traité des Pyrénées en 1659. Dès lors, Vauban déploie tout son talent pour moderniser la forteresse qui compte parmi les deux fois treize places fortes qui doivent défendre, sur deux lignes de front, les marches septentrionales de la France et barrer la plaine des Flandres selon sa stratégie du « pré carré ».
Vauban travaille au Quesnoy de 1668 à 1673 pour créer une place octogonale à huit bastions protégée par 3,5 km de remparts et de nombreux ouvrages extérieurs, demi-lunes ou tenailles. En outre, pour être en première ligne avec Dunkerque, Lille, Valenciennes ou Maubeuge, la ville voit ses défenses renforcées par un système de canaux et d'écluses permettant d'inonder les fossés si besoin.
Car l'ingénieur militaire, ancien soldat plusieurs fois blessé en participant à une quinzaine de sièges, possède des idées très arrêtées sur l'art de prendre et de défendre les places fortes. Il met ainsi au point une méthode d'attaque qu'il inaugure avec succès au siège de Maastricht en 1673. En bref : il avance par surprise et isole la place assiégée ; l'approche s'effectue à l'abri des tranchées, creusées en trois parallèles ; l'assaut est préparé au canon, nécessitant parfois plus de mille coups pour ouvrir une brèche dans la maçonnerie ; il dure jusqu'à la reddition que Vauban ne juge pas déshonorante puisqu'elle épargne des vies humaines. À l'inverse, il estime qu'aucune fortification ne peut résister à plus de 48 jours de siège. Ses propres places fortes ne pourraient tenir indéfiniment, mais tout y est conçu pour retarder la progression de l'ennemi en attendant l'arrivée vivement espérée des renforts.

En restaurant le château de Pierrefonds, l'architecte Viollet-le-Duc poursuit ses rêves gothiques et invente, pour Napoléon III, la forteresse idéale.

Les tours ébréchées du château de Pierrefonds et ses courtines crevées, seuls vestiges d'une austère forteresse construite à la fin du XIVe siècle par Louis d'Orléans, sont très à la mode au début du Second Empire. L'empereur Napoléon III, qui établit sa cour à Compiègne, à une dizaine de kilomètres de là, aime y venir. Tombé sous le charme, il invite bientôt Viollet-le-Duc à restaurer l'édifice pour le transformer en « une maison de campagne ».
L'architecte, qui vient de rétablir la cité de Carcassonne dans sa grandeur médiévale (1853), est au sommet de sa gloire. Le Moyen Âge l'inspire. Pourtant, il n'envisage pas, d'après ses premières esquisses en 1858, de restaurer l'ensemble des bâtiments, mais seulement le donjon et deux tours, les remparts éboulés subsistant à l'état de « ruine romantique » au milieu d'un jardin à l'anglaise.
La décision d'une restauration générale du château de Pierrefonds est prise en 1863 et les travaux conduits à grands frais : près de 5 millions de francs-or ! Le chantier avance bon train, mobilisant parfois jusqu'à 300 ouvriers sur le site, y compris le dimanche, ce qui ne manque pas de susciter une protestation de l'évêque de Beauvais, auquel Viollet-le-Duc répond du tac au tac que les manœuvres mis « sur le pavé un jour par semaine » ne rempliraient pas l'église, « mais les cabarets » !
« Acte de folie furieuse » pour les uns, « énorme joujou » pour les autres, le château de Pierrefonds bascule à outrance dans le néo-gothique. Viollet-le-Duc, tout à son engouement, en fait une forteresse idéale, reprenant assez fidèlement mais en l'exacerbant le système défensif de l'époque médiévale, avec son châtelet encombrant, sa porte tarabiscotée, ses créneaux d'opérette, ses pinacles et crêtes de plomb…
Quant à la décoration intérieure, elle développe un bestiaire fantastique fait de salamandres, chats, singes, éléphants ou griffons comme autant de figures d'un Moyen Âge imaginaire se déployant dans un ciel semé d'étoiles d'or.

Les ouvrages du Hackenberg sont les plus puissants de la ligne Maginot, cette inutile folie sur 465 km de frontières.

Construite entre 1929 et 1938 à l'initiative du ministre de la Guerre André Maginot, cette ligne de front « indestructible », jalonnée de maisons fortes, de casemates et de blocs d'artillerie, devait empêcher toute attaque surprise des Allemands au nord et à l'est du pays. Dans ce dispositif de 5 milliards de francs-or, le fort du Hackenberg, à une vingtaine de kilomètres de Thionville, est le plus imposant. Il fut construit sur une crête boisée à 343 m d'altitude et abritait 19 blocs de combat et 18 pièces d'artillerie, le tout relié par un réseau de galeries souterraines (10 km). Servi par 1 040 soldats et 43 officiers, il pouvait résister trois mois en autonomie… Mais les armées du III$^{e}$ Reich, contournant la ligne Maginot là où elle n'avait pas été construite, envahirent la France par la Belgique, et le Hackenberg finit par se rendre pratiquement sans combattre en juin 1940.

Le mur de l'Atlantique, bétonné en deux ans à la demande d'Adolf Hitler, alignait par centaines des modèles de blockhaus différents sur nos côtes.

Après l'entrée en guerre des États-Unis, fin 1941, Adolf Hitler ordonne d'accélérer la construction du mur de l'Atlantique, un ensemble fortifié qui devait, selon le Fürher, verrouiller le littoral sur 4 000 km de côtes, de la Norvège aux Pyrénées. En France, la construction du mur dure deux ans, de 1942 jusqu'au débarquement, en juin 1944. À cette date, environ 1 500 sites auront été fortifiés, nécessitant l'emploi de 1 million de tonnes d'acier et de 15 millions de $m^3$ de béton. Des blockhaus de formes très variées abritent l'artillerie allemande. Ils sont camouflés, recouverts de végétation, peints aux couleurs des roches environnantes ou dissimulés sous des filets hérissés de feuillages. Un demi-siècle plus tard, la mer assiège toujours ces « forteresses » insensées (ici à Poulhan, dans le Finistère.)

Arbalétriers et archers, troubadours et ménestrels se réunissent dans les fossés des châteaux forts pour donner vie à cet impressionnant patrimoine.

Ville d'art et d'histoire inscrite au patrimoine mondial de l'Humanité, Provins, avec son château, ses fossés, ses portes fortifiées et son ancien marché couvert, renoue avec la tradition des foires du Moyen Âge, multipliant les expositions et les fêtes médiévales. Durant l'été, des animations en costumes colorés magnifiques y évoquent tour à tour la chasse au faucon, la légende des chevaliers, le siège de la ville ou la bataille des remparts… Le reste de l'année, ses maisons anciennes et leurs salles voûtées romanes ou gothiques célèbrent encore cette prospérité passée.
La mise en valeur du patrimoine médiéval français, avec ces châteaux et forteresses, réserve d'innombrables surprises. Sons et lumières sont pléthores, ainsi que les spectacles historiques, qui mobilisent quantité de figurants en costumes pour évoquer batailles et tournois… L'art de la guerre est également au goût du jour, comme à Tiffauges, le château de Gilles de Rais, compagnon de Jeanne d'Arc et tueur d'enfants identifié à Barbe Bleue. On y voit fonctionner des bricoles et autres machines de jet, tandis qu'archers et arbalétriers déversent moult flèches sur un adversaire imaginaire…
Et combien d'autres exemples tout aussi réussis ?
Mais c'est sans doute à Guédelon, dans un coin boisé de la Bourgogne, que l'engouement actuel pour les fortifications médiévales trouve sa plus surprenante expression. C'est ici que Michel Guyot, diplômé des Beaux-Arts ou « cancre butineur », selon son expression, mais en tout cas passionné, concrétise depuis 1977, avec une petite équipe d'œuvriers, l'idée follement audacieuse de construire aujourd'hui un château comme au Moyen Âge, en employant uniquement les matériaux et techniques en usage au XIIIe siècle : le bois équarri, les pierres taillées, le chanvre tressé, chacun à sa manière et à la main !… Le succès de ce chantier d'archéologie expérimentale, avec plus de 200 000 visiteurs par an, témoigne à lui seul du bel enthousiasme de nos contemporains pour cette France fortifiée et son fabuleux passé.

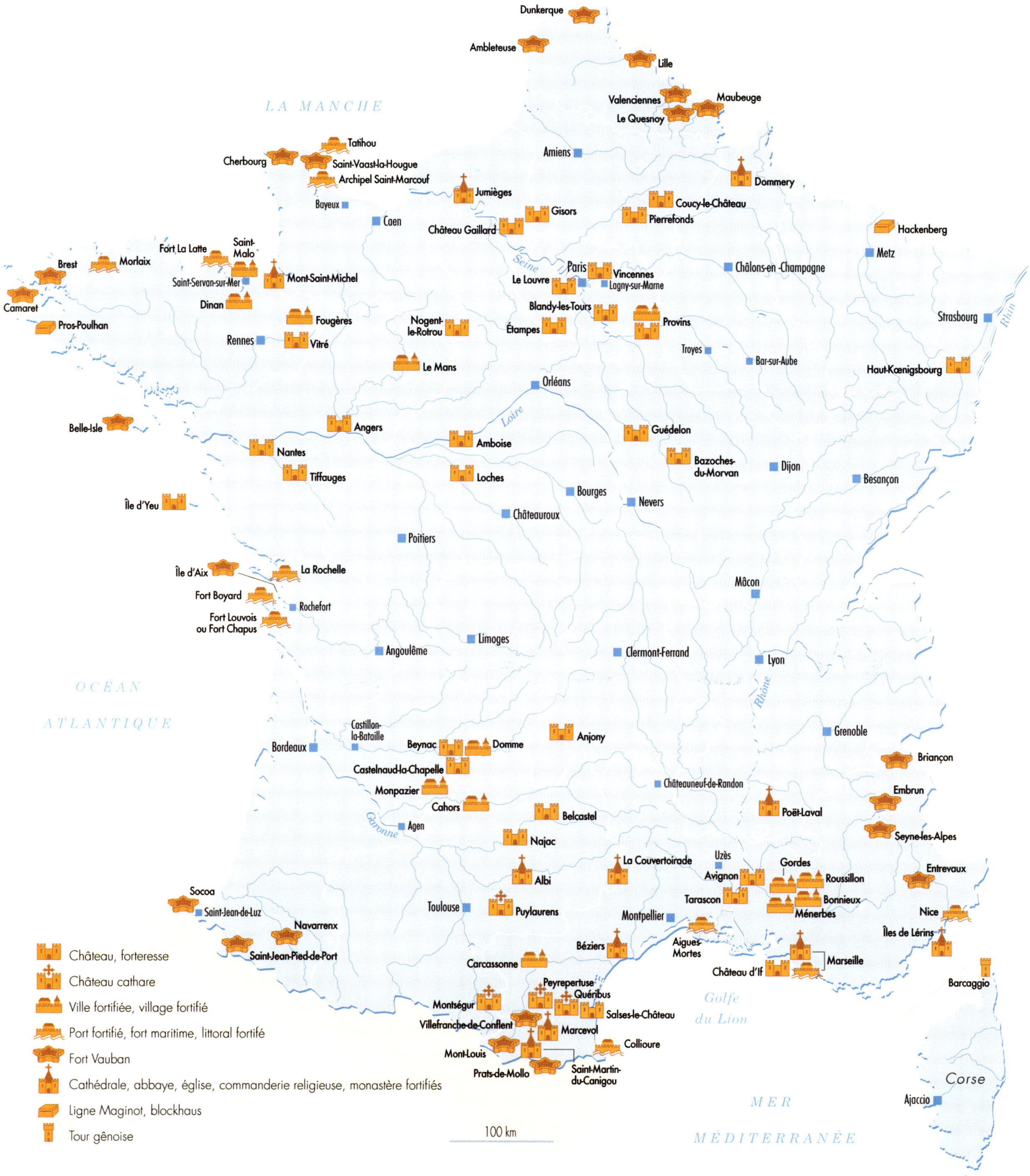
LA MANCHE
OCÉAN
ATLANTIQUE
Golfe
du Lion
MER
MÉDITERRANÉE
Corse
Seine
Loire
Garonne
Rhône
Rhin
Dunkerque
Ambleteuse
Lille
Valenciennes
Maubeuge
Le Quesnoy
Amiens
Tatihou
Cherbourg
Saint-Vaast-la-Hougue
Archipel Saint-Marcouf
Dommery
Jumièges
Bayeux
Caen
Gisors
Coucy-le-Château
Pierrefonds
Château Gaillard
Hackenberg
Metz
Brest
Morlaix
Fort La Latte
Saint-Malo
Saint-Servan-sur-Mer
Mont-Saint-Michel
Camaret
Dinan
Pros-Poulhan
Paris
Vincennes
Le Louvre
Lagny-sur-Marne
Châlons-en-Champagne
Blandy-les-Tours
Provins
Strasbourg
Fougères
Nogent-le-Rotrou
Étampes
Rennes
Vitré
Troyes
Bar-sur-Aube
Le Mans
Haut-Kœnigsbourg
Orléans
Belle-Isle
Angers
Guédelon
Nantes
Amboise
Bazoches-du-Morvan
Dijon
Tiffauges
Loches
Besançon
Bourges
Nevers
Île d'Yeu
Châteauroux
Poitiers
Île d'Aix
La Rochelle
Mâcon
Fort Boyard
Rochefort
Fort Louvois ou Fort Chapus
Limoges
Angoulême
Clermont-Ferrand
Lyon
Castillon-la-Bataille
Grenoble
Anjony
Beynac
Domme
Bordeaux
Briançon
Castelnaud-la-Chapelle
Châteauneuf-de-Randon
Monpazier
Embrun
Cahors
Poët-Laval
Belcastel
Agen
Najac
Seyne-les-Alpes
Uzès
La Couvertoirade
Gordes
Avignon
Roussillon
Entrevaux
Albi
Socoa
Tarascon
Bonnieux
Saint-Jean-de-Luz
Toulouse
Puylaurens
Montpellier
Ménerbes
Nice
Navarrenx
Îles de Lérins
Aigues-Mortes
Béziers
Saint-Jean-Pied-de-Port
Marseille
Carcassonne
Château d'If
Barcaggio
Peyrepertuse
Quéribus
Montségur
Salses-le-Château
Villefranche-de-Conflent
Marcevol
Collioure
Mont-Louis
Prats-de-Mollo
Saint-Martin-du-Canigou
Ajaccio
Château, forteresse
Château cathare
Ville fortifiée, village fortifié
Port fortifié, fort maritime, littoral fortifé
Fort Vauban
Cathédrale, abbaye, église, commanderie religieuse, monastère fortifiés
Ligne Maginot, blockhaus
Tour gênoise
100 km

# Index

## origine des documents photographiques

Pages 4/5, J. REY/ANA ; 7, C. MOIRENC ; 8, D. SCOTT/AGE PHOTOSTOCK/RAPHO ;10 g., BRIDGEMAN - GIRAUDON ;10 d., DAGLI ORTI ; 11, BRIDGEMAN-GIRAUDON ; 12, LANGELAND/PHOTONONSTOP ; 13, J.P. LESCOURRET/ PHOTONONSTOP ;14/15, H. CHAMPOLLION ; 16, D. SCOTT/AGE -HOAQUI ; 17, D. SCOTT/AGE-HOAQUI ; 18/19, F. MILOCHAUD ; 20, R. MAZIN/PHOTONONSTOP ; 21, G. THOUVENIN ; 22/23, J. GUILLARD/SCOPE ; 24, NIMATALLAH/AKG - PARIS ; 25, G. THOUVENIN ; 26/27, B. MOLLARET/ASK IMAGES ; 28, J.C. ET D. PRATT/PHOTONONSTOP ; 29, F.G. MAYER/CORBIS ; 30/31, G. THOUVENIN ; 32, G. SIOEN ; 33, G. THOUVENIN ; 34/35, P. BLONDEL/SCOPE ; 36, H. CHAMPOLLION ; 37, H. CHAMPOLLION ; 38, F. GUZIOU/ IMAGEFRANCE.COM ; 40 g., BRIDGEMAN - GIRAUDON ; 40 d., BRIDGEMAN - GIRAUDON ; 41, BRIDGEMAN - GIRAUDON ; 42, J.F. ROLLINGER/ANA ; 43, J.F. ROLLINGER/ANA ; 44/45, M. PARPET/ANA ; 46/47, G. SIOEN ; 48, D. THIERRY/PHOTONONSTOP ; 49, J.C. PRATT - D. PRIES/PHOTONONSTOP ; 50/51, C. MOIRENC/PHOTONONSTOP ; 52/53, C. MOIRENC ; 54, J.P. GARCIN/PHOTONONSTOP ; 55, POOL FRANCES-WYSOCKI/IMAGEFRANCE.COM ; 56/57, B. CAVANAGH/ANA ; 58/59, B. MOLARET/ASK IMAGES ; 60, LE DIVENAH/PHOTONONSTOP ; 61, G. GSELL/PHOTONONSTOP ; 62, J. NICOLAS/IMAGE-FRANCE.COM ; 64 g., DAGLI ORTI ; 64d., DAGLI ORTI ; 65, DAGLI ORTI ; 66/67, F. GUIZIOU/IMAGEFRANCE.COM ; 68, G. SIOEN ; 69, J. REY/ ANA ; 70/71, J.D. SUDRES/TOP ; 72, H. CHAMPOLLION ; 73, C. MOIRENC ; 74/75, H. CHAMPOLLION ; 76, A. FELIX/IMAGEFRANCE.COM ; 77, J.P. GARCIN/ PHOTONONSTOP ; 78/79, C. MOIRENC ; 80, H. CHAMPOLLION ; 81, C. MOIRENC ; 82/83, H. CHAMPOLLION ; 84, SIMEONE/PHOTONONSTOP ; 86 g., DAGLI ORTI ; 86 d., DAGLI ORTI ; 87, AKG ; 88/89, C. MOIRENC ; 90/91, R. CINTRACT/IMAGEFRANCE.COM ; 92, H. CHAMPOLLION ; 93, J.C. ET D. PRATT/ PHOTONONSTOP ; 94/95, HENNEGHIEN/ANA ; 96, PRATT - PRIES/PHOTONONSTOP ; 97, HENNEGUIEN/ANA ; 98/99, G. SIOEN ; 100, C. MOIRENC/ PHOTONONSTOP ; 101, C. MOIRENC ; 102, G. SIOEN ; 103, F. GUENET ; 104/105, G. SIOEN ; 106, H. CHAMPOLLION ;107,H. CHAMPOLLION ; 108/109, M. DURAZZO/ANA ; 110, S. FAUTRE/ASK IMAGES ; 111, H. CHAMPOLLION ; 112, J. REY/ANA ; 114 g., J.C. ET D. PRATT/PHOTONONSTOP ; 114 d., J.C. ET D. PRATT/PHOTONONSTOP ; 115, P . CHEUVA/PHOTONONSTOP ; 116, R. ROZENCWAJG/PHOTONONSTOP ; 117, B. BARBIER/PHOTONONSTOP ; 118/119, G. RIGOULET ; 120, C. MOIRENC ; 121, C. MOIRENC ; 122/123, C. MOIRENC ; 124, H. CHAMPOLLION ; 125, H. CHAMPOLLION ; 126/127, G. SIOEN ; 128, B. GARDEL/IMAGEFRANCE.COM ; 129, C.MOIRENC ; 130/131, H. CHAMPOLLION ; 132, R. MAZIN/PHOTONONSTOP ; 133, J. REY/ANA ; 134/135, G.RIGOULET ; 136/137, H. CHAMPOLLION ; 138, J.F. ROLLINGER/ANA ; 139, Y. ARTHUS BERTRAND/ALTITUDE ; 140/141, BERON/ANA.

Éditions SOLAR
Direction littéraire : Corinne Césano
Secrétariat d'édition : Serge Gras
Conception graphique : Vu Thi
Iconographie et maquette : Bernadette Allain
Lecture-correction : Sylvie Gauthier
Cartographie : Léonie Schlosser
Collaboration éditoriale : Nicolas Greslin

Si vous souhaitez recevoir le catalogue des Éditions SOLAR,
envoyez votre demande à l'adresse suivante :
Éditions SOLAR, 12, avenue d'Italie, 75013 - Paris
Internet : www.solar.tm.fr

Éditions GEO
Direction éditoriale : Jean-Luc Marty
Direction développement : Dominique Fleurmont, Pierre-Olivier Bonfillon

Si vous souhaitez recevoir le catalogue des Éditions GEO,
envoyez votre demande à l'adresse suivante :
Éditions GEO, 62067 - Arras - Cedex 9
Internet : www.geomagazine.fr



ISBN : 2-263-04017-X
Code éditeur : S04017
Dépôt légal : avril 2006

Photogravure : Point 4 - 64 rue de Turenne, 75003 - Paris
Imprimé par MKT PRINT d.d., Slovénie